Bismillah

DECODE ARABIC TEXTS EASILY

Aicha Sidika Fofana
&
Haoua Fofana

DJARABI KITABS PUBLISHING

Dallas, Texas

Copyright
DECODE ARABIC TEXTS EASILY

© 2024-1445 AH Aicha Sidika Fofana & Haoua Fofana

No part of this book may be reproduced in any written, electronic, recording, or photocopying without written permission of the publisher or author. The exception would be in the case of brief quotations embodied in the critical articles or reviews and pages where permission is specifically granted by the publisher or author.

For information contact:

DJARABI KITABS PUBLISHING

PO BOX 703733

DALLAS, TX 75370

www.djarabikitabs.com

Illustrations by Sadik Sajid

ISBN-13: 978-1-947148-70-3

First Print Edition: May 2024

10 9 8 7 6 5 4 3 2 1

DECODE ARABIC TEXTS EASILY

FOREWORD

Decoding the Arabic texts is a challenge. So, based on the needs of our students we decided to compile this workbook to make it easier for our students to recognize the Arabic letters when they morph. We pray that in this consolidated manner, Allah ﷻ facilitates for them, *aameen*.

May Allah ﷻ accepts from us. *Thumma aameen!*

Cordially,
Aicha Sidika Fofana & Haoua Fofana

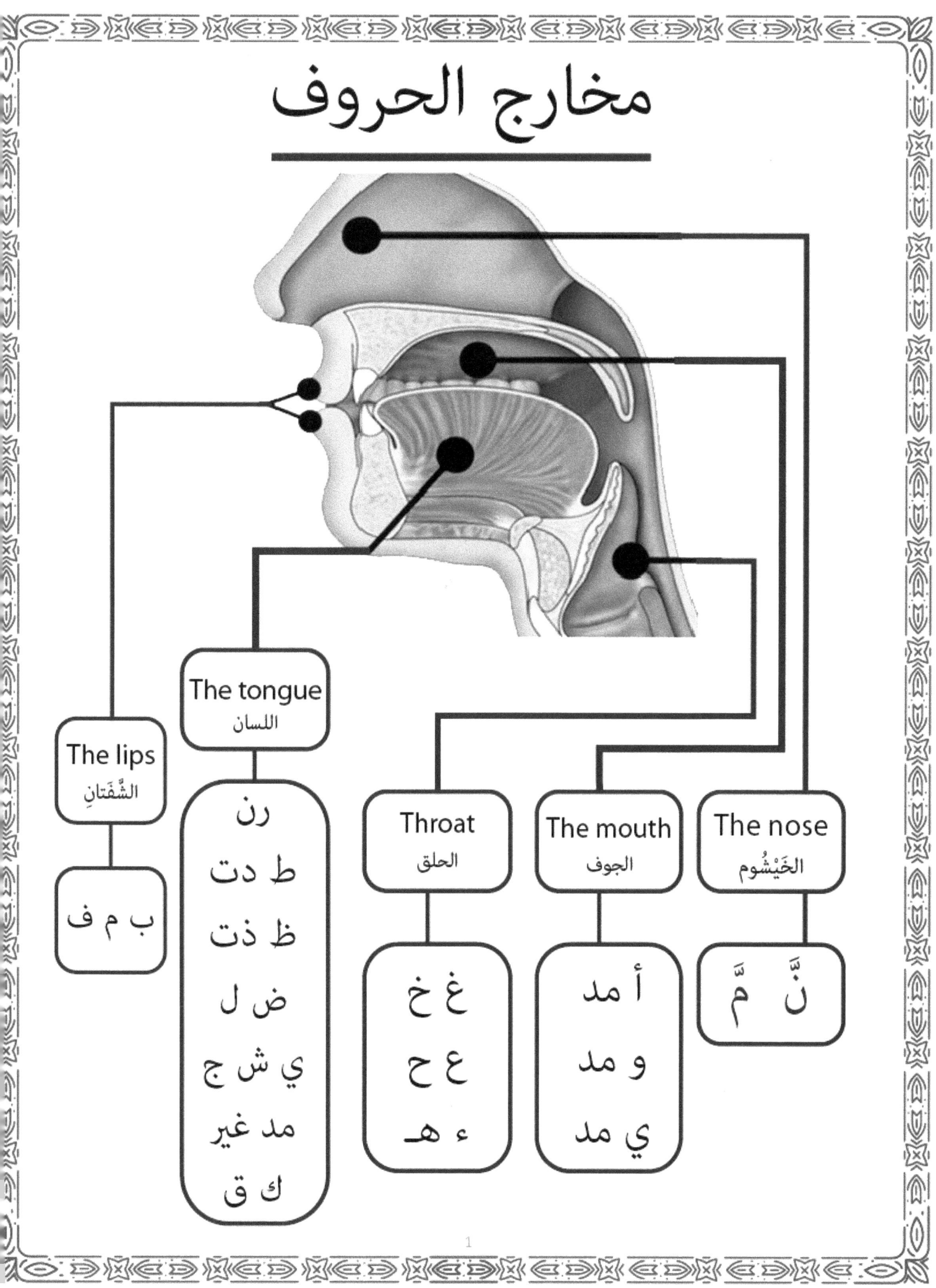

The letters would read: TSHKIL With vocalization it reads TaSHKILun

تَشْكِيلٌ

~ madda (Alif hamza long)	ٌ un	ٍ in tanwin	ً an
ّ tashdid or shadda (doubles the consonant)	ْ sukun	ُ Damma	ِ casra
َ fatha	أ إ ء hamza		

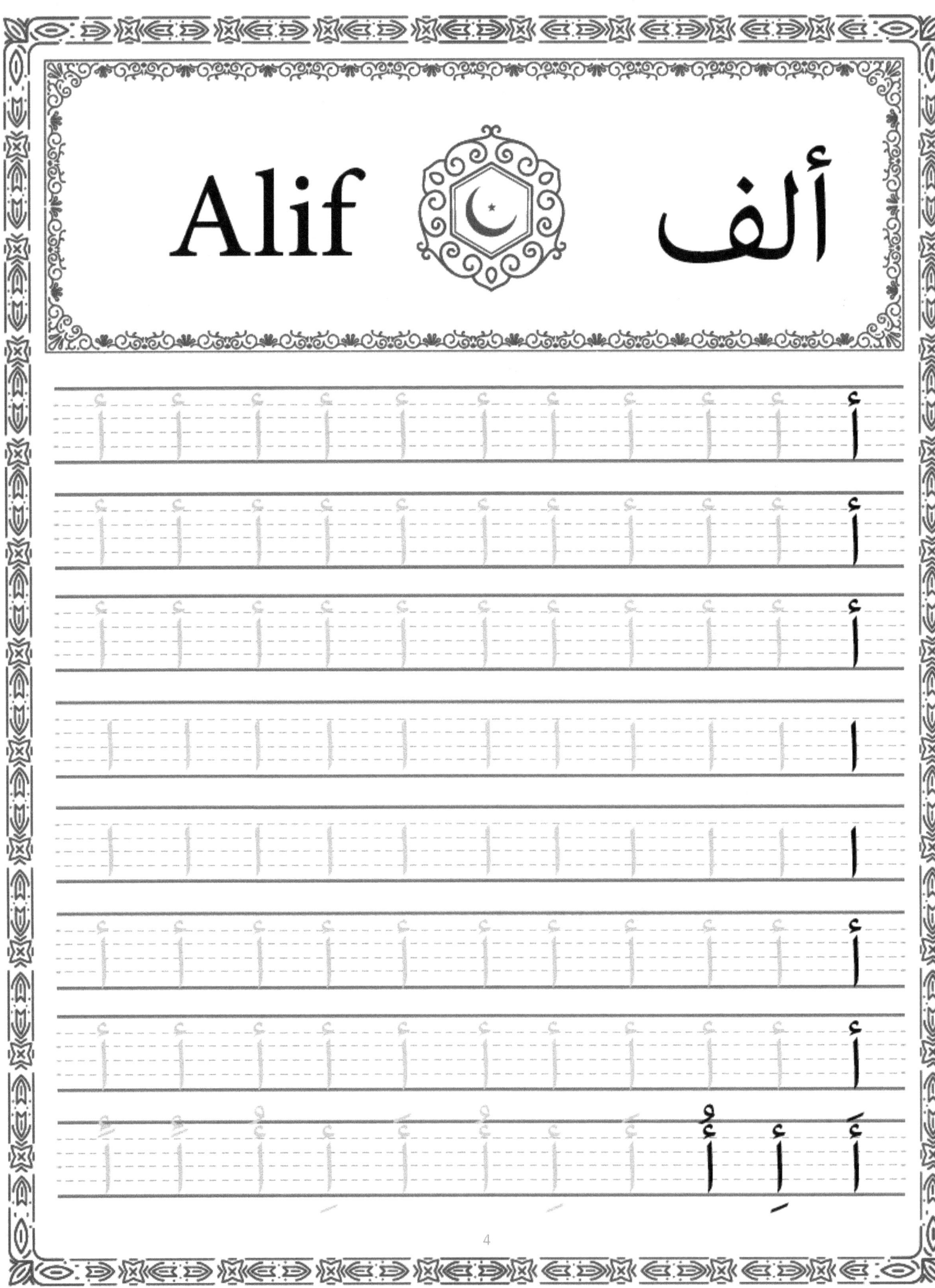

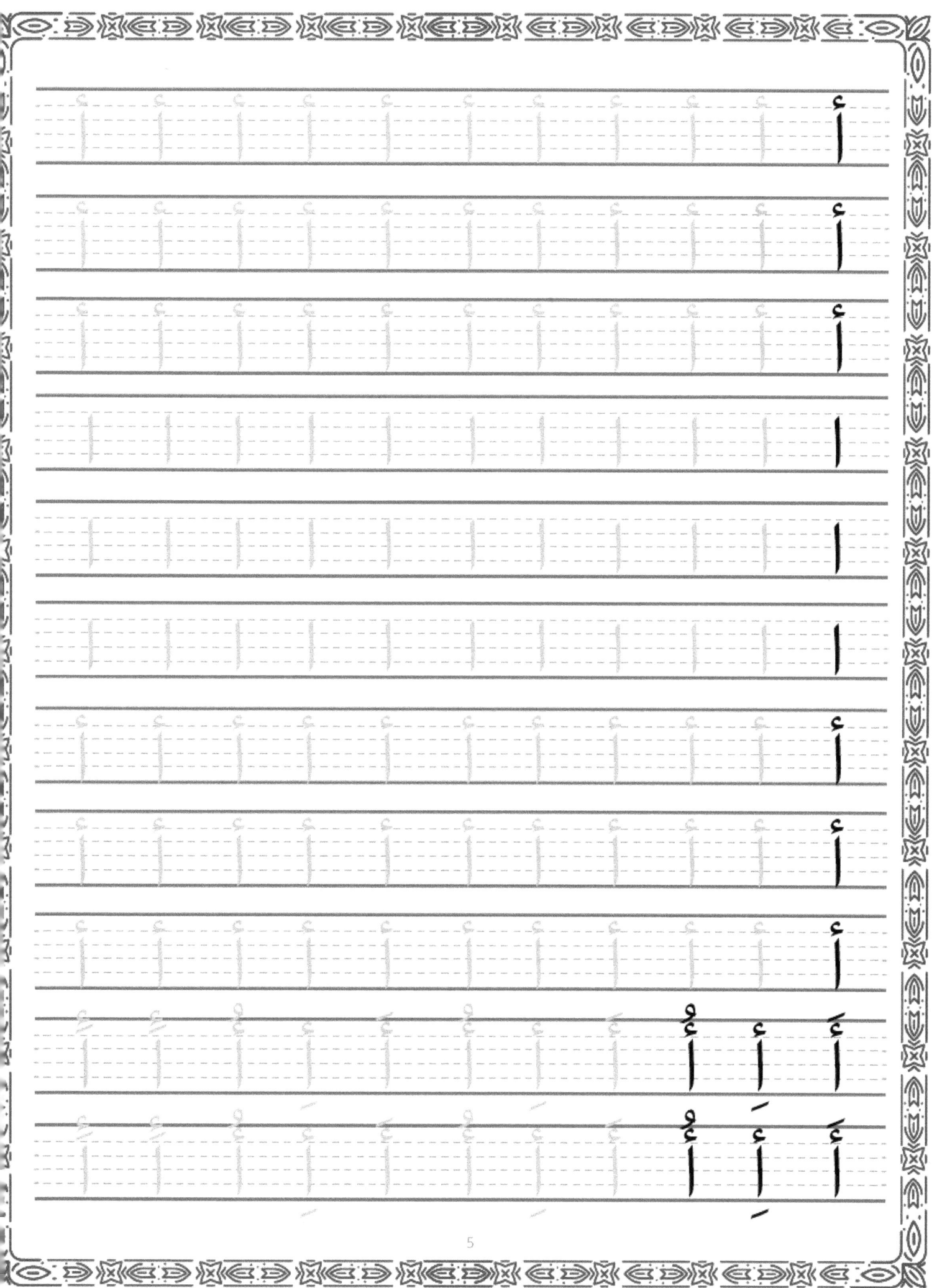

Baa   باء

ب

ب

بــ

بــ

ب

ب

بِ

بَ   بُ   بِ

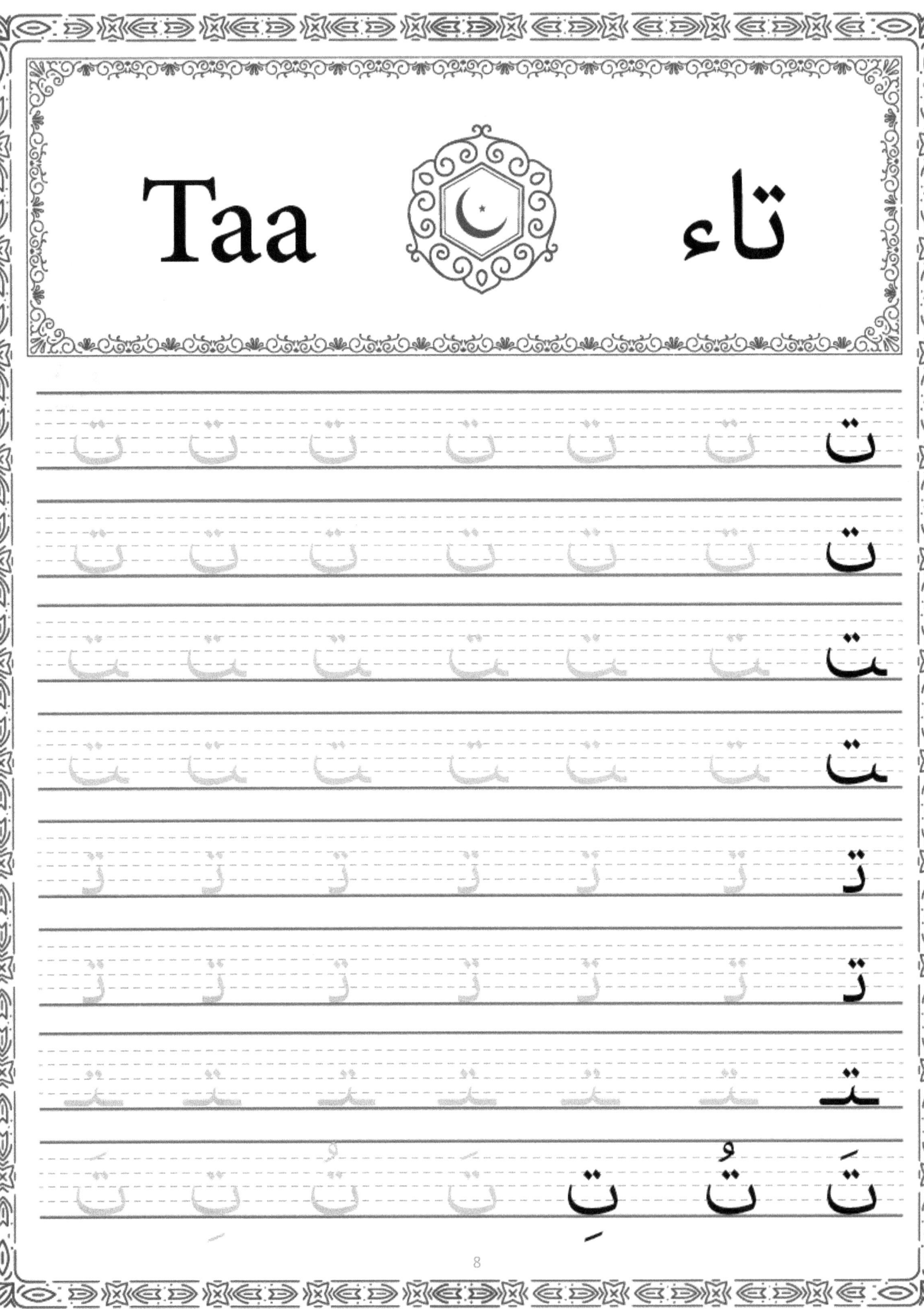

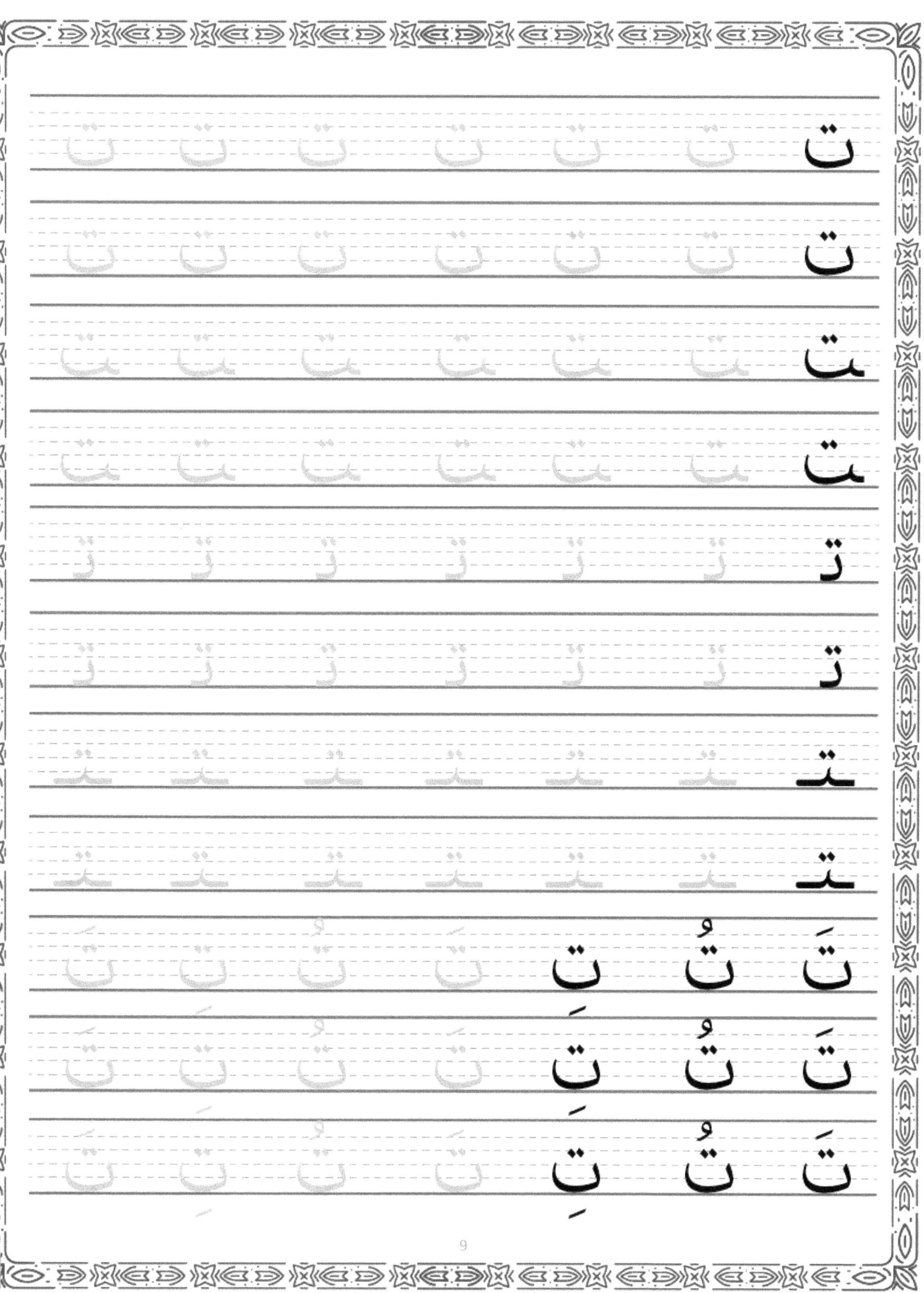

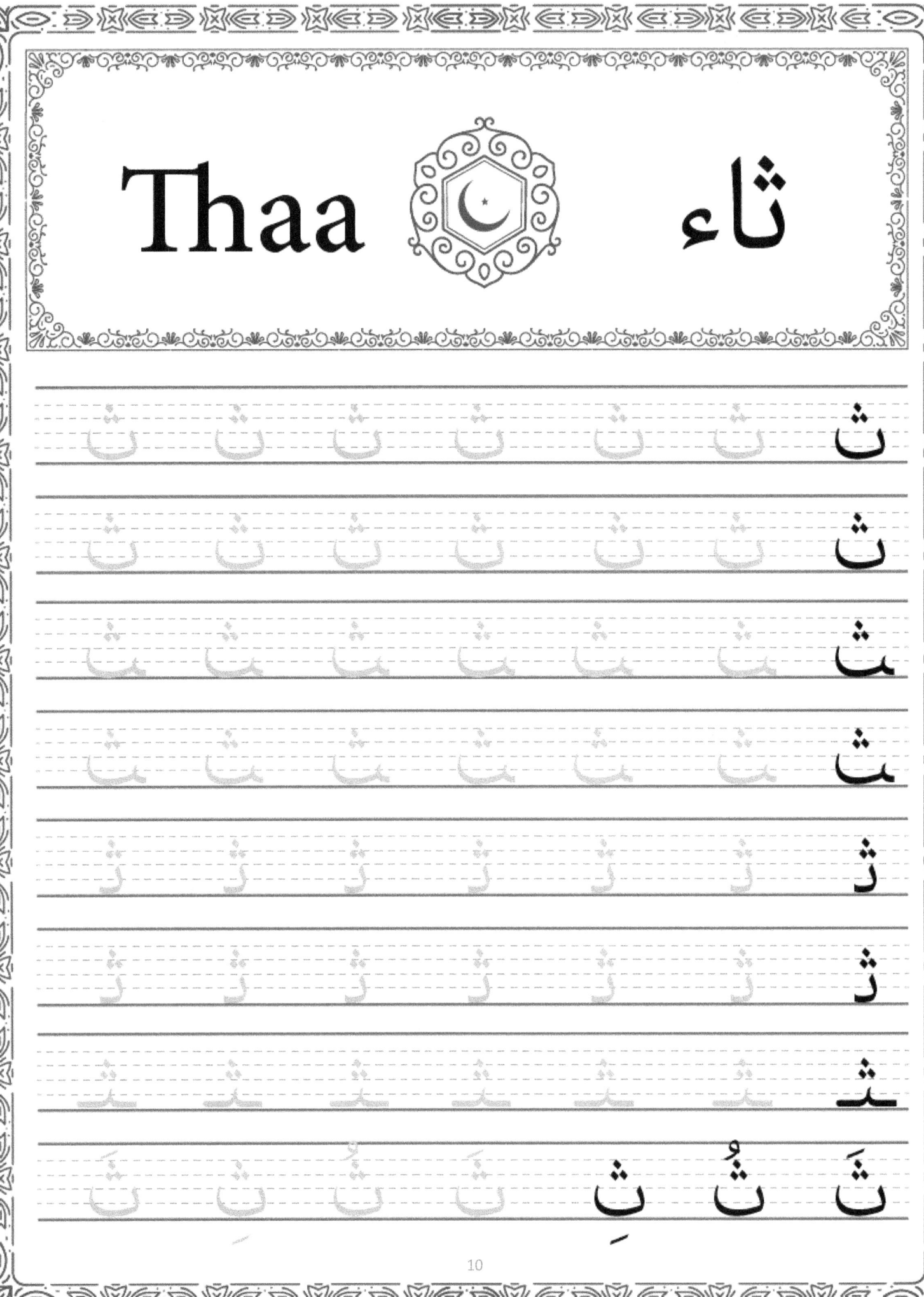

Jeem جيم

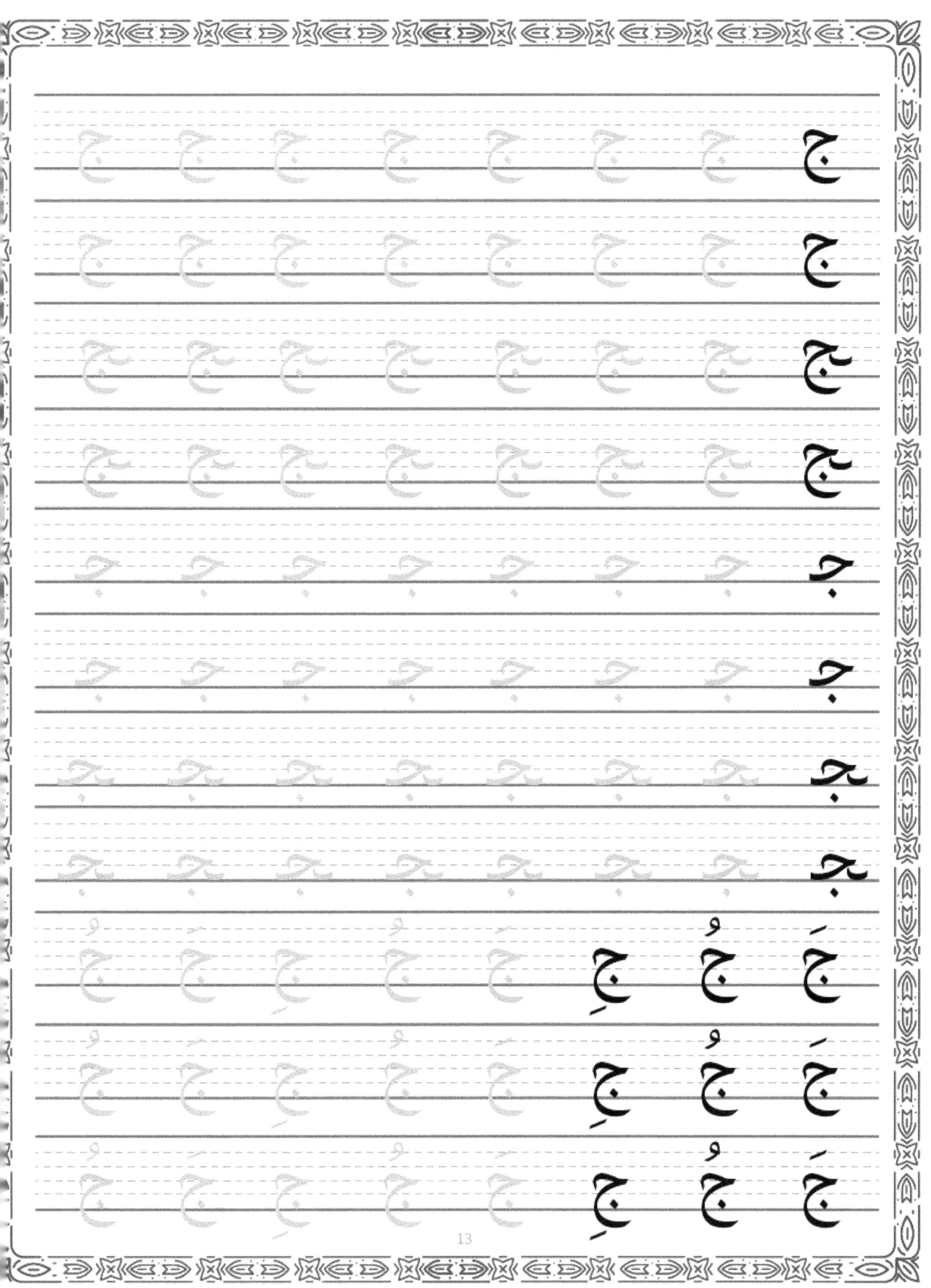

Kha خاء

Daal دال

د
د
د
د
دـ
دـ
دَ دُ دِ

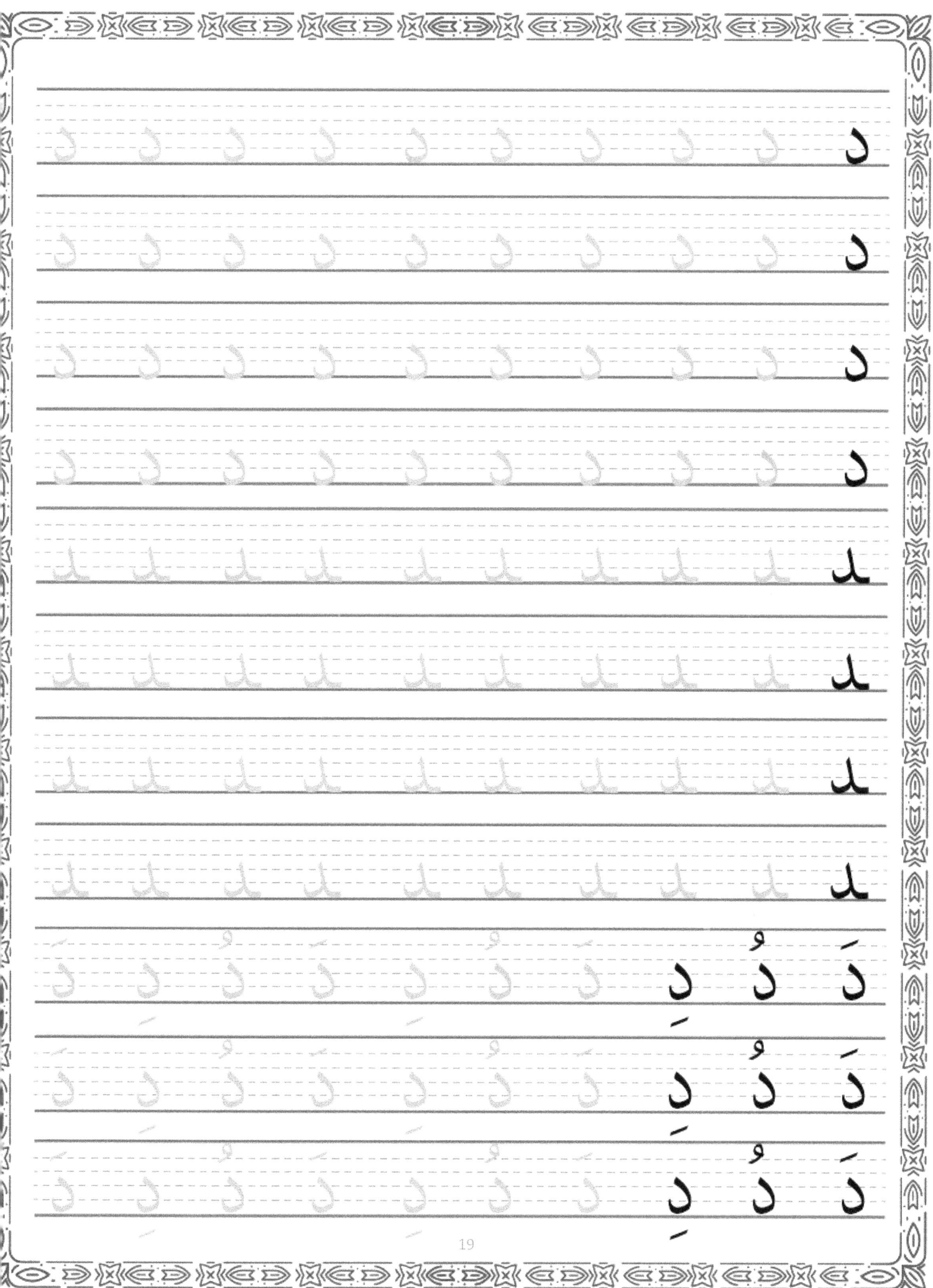

Thaal ذال

ذ ذ ذ ذ ذ ذ ذ

ذ ذ ذ ذ ذ ذ ذ

ذ ذ ذ ذ ذ ذ ذ

ذ ذ ذ ذ ذ ذ ذ

ذَ ذَ ذَ ذَ ذَ ذَ ذَ

ذُ ذُ ذُ ذُ ذُ ذُ ذُ

ذِ ذِ ذِ ذِ ذِ ذِ ذِ

ذِ ذُ ذَ

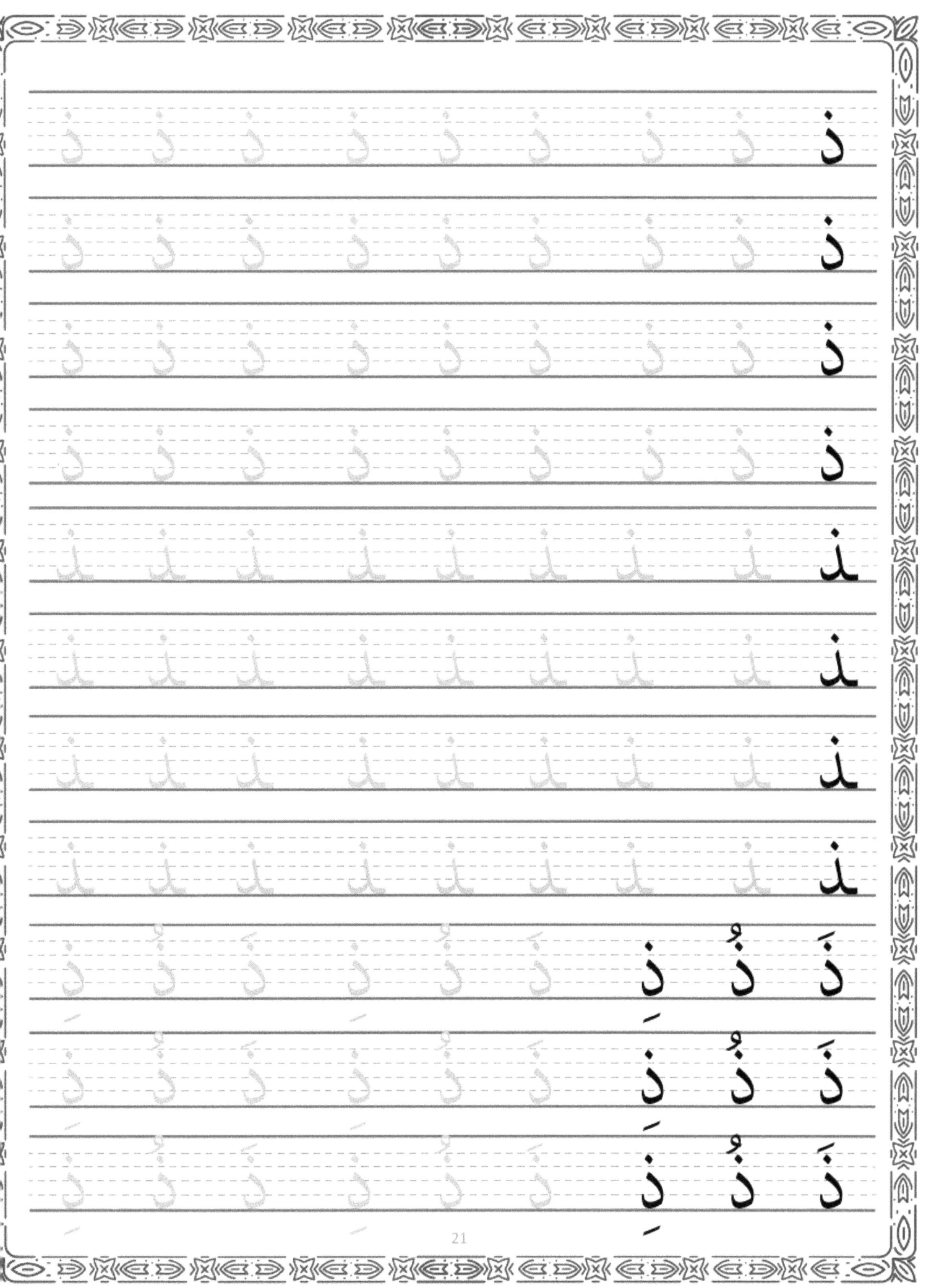

Raa   راء

ر	ر	ر	ر	ر	ر	ر	ر	ر
ر	ر	ر	ر	ر	ر	ر	ر	ر
ر	ر	ر	ر	ر	ر	ر	ر	ر
ر	ر	ر	ر	ر	ر	ر	ر	ر
رِ	رِ	رِ	رِ	رِ	رِ	رِ	رِ	رِ
رُ	رُ	رُ	رُ	رُ	رُ	رُ	رُ	رُ
رَ	رَ	رَ	رَ	رَ	رَ	رَ	رَ	رَ
رِ رُ رَ								

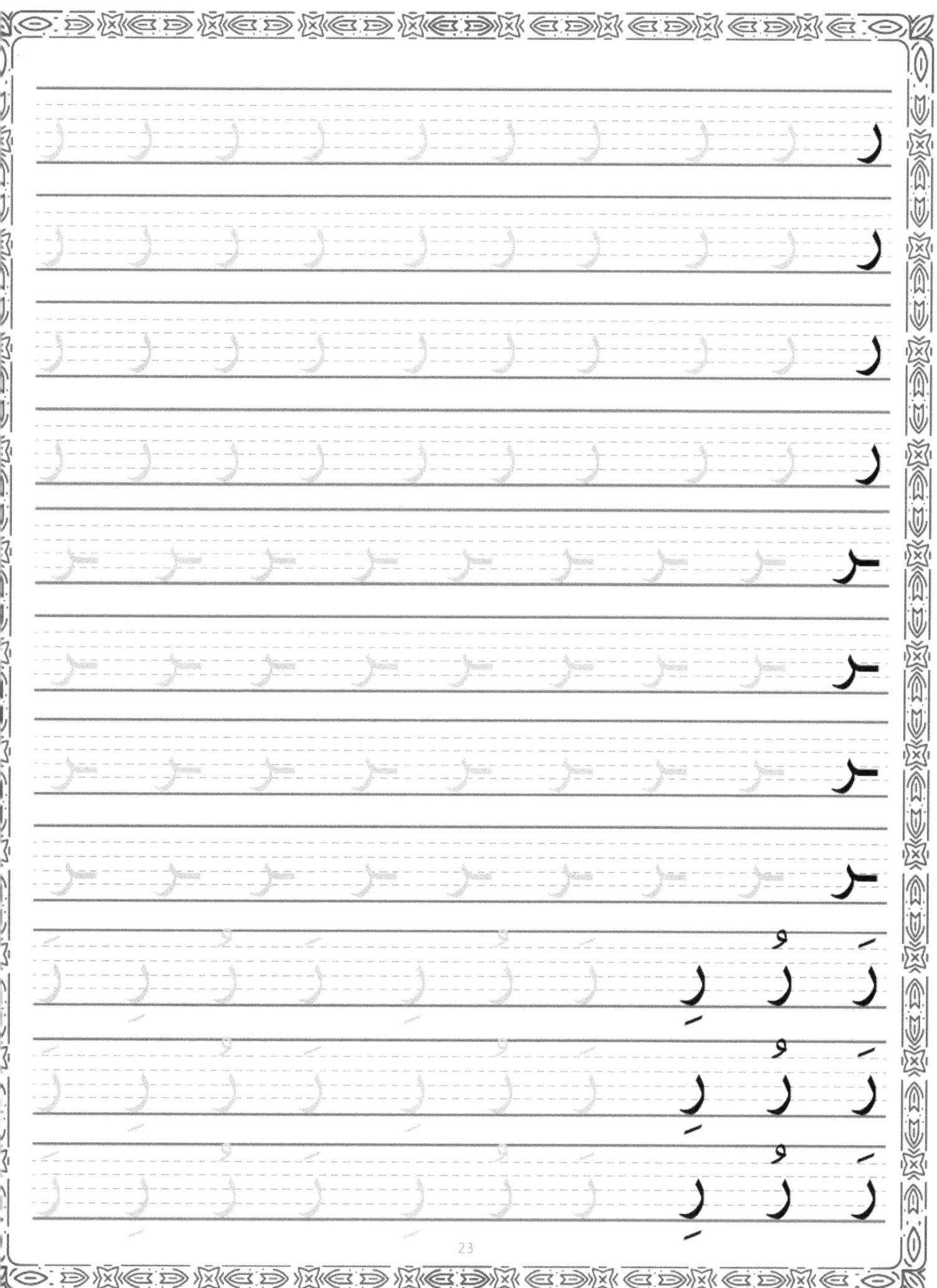

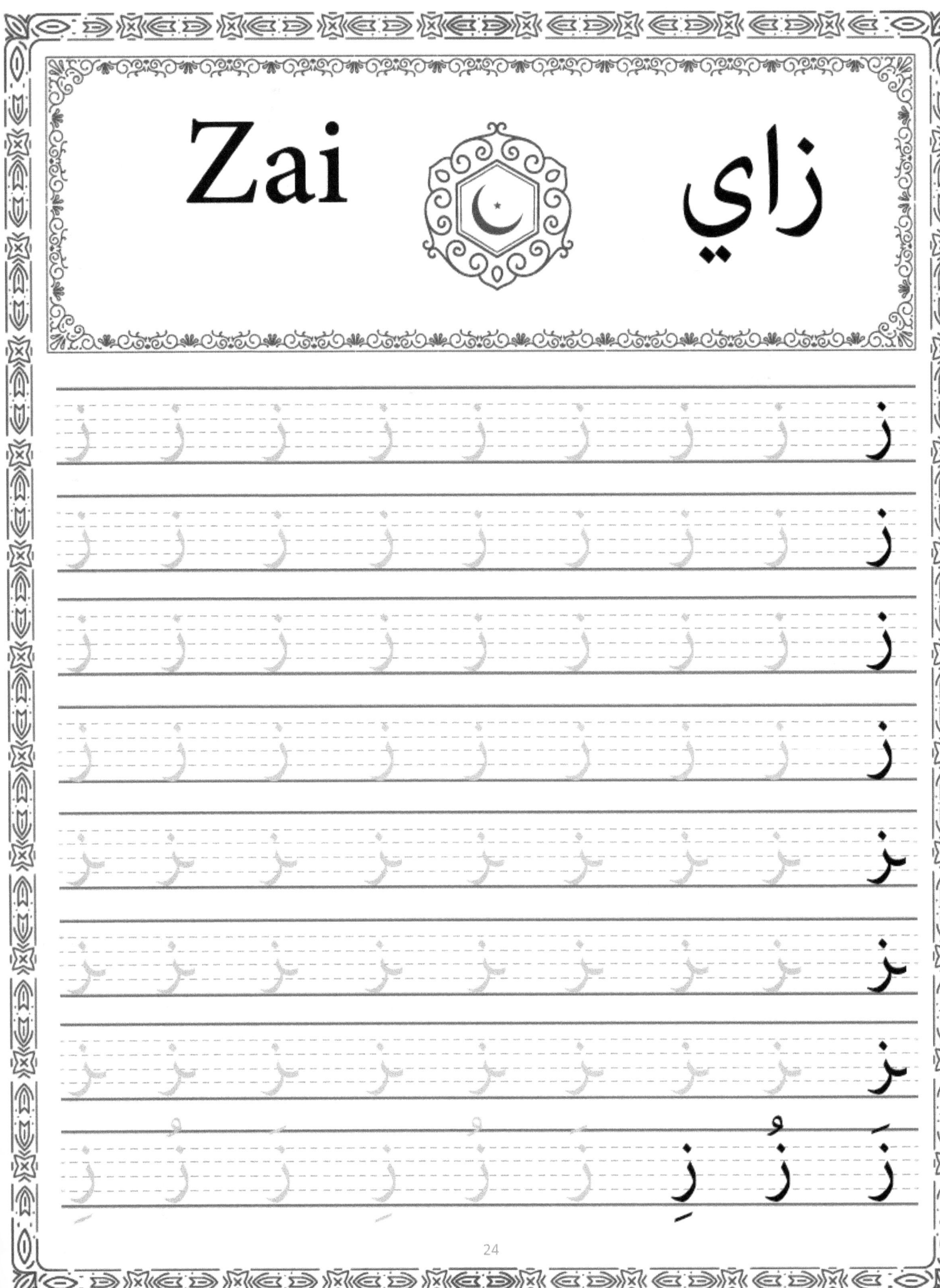

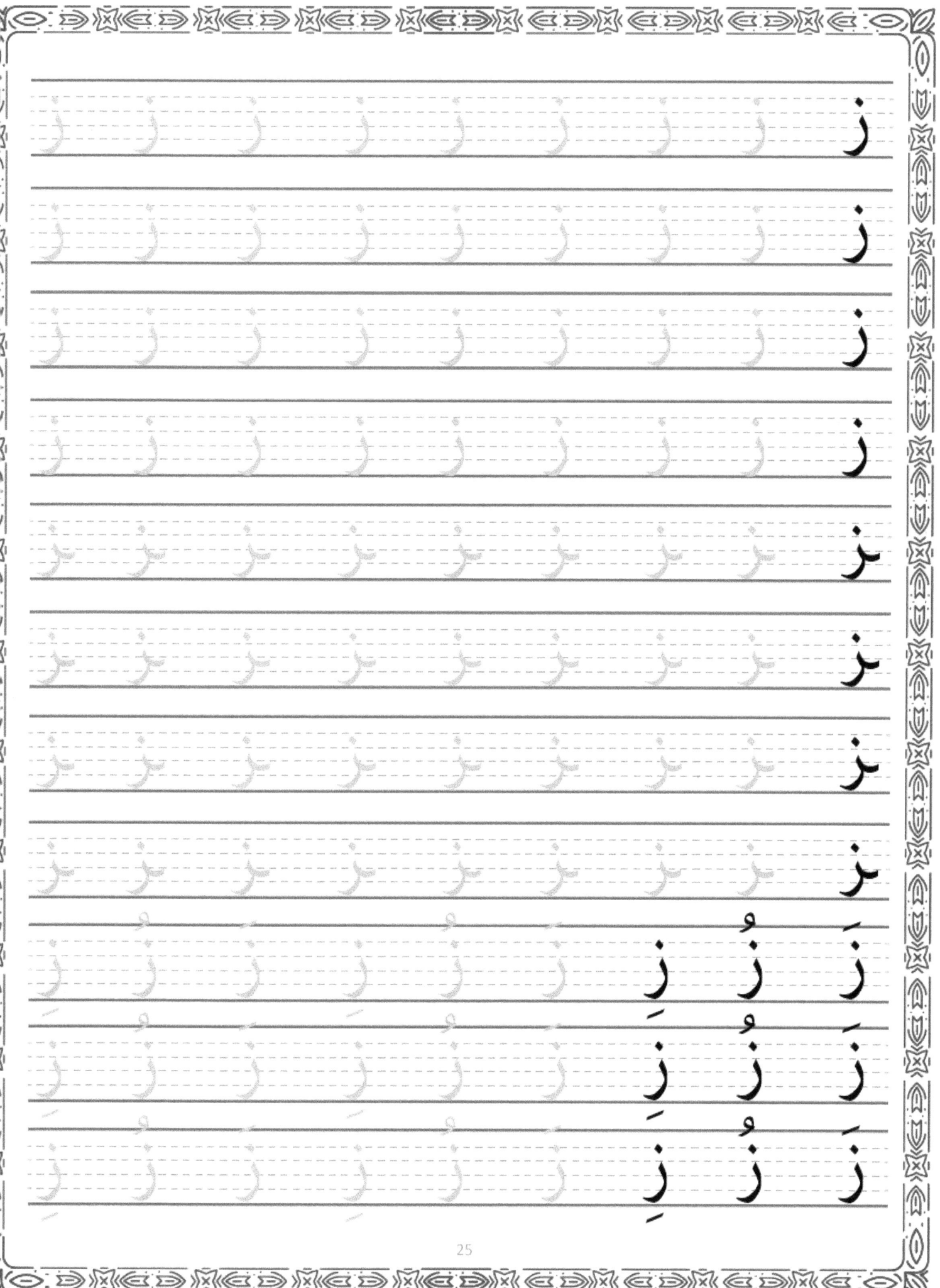

Siin

سين

س

س

س

س

سـ

ـسـ

ـس

سِ سُ سَ

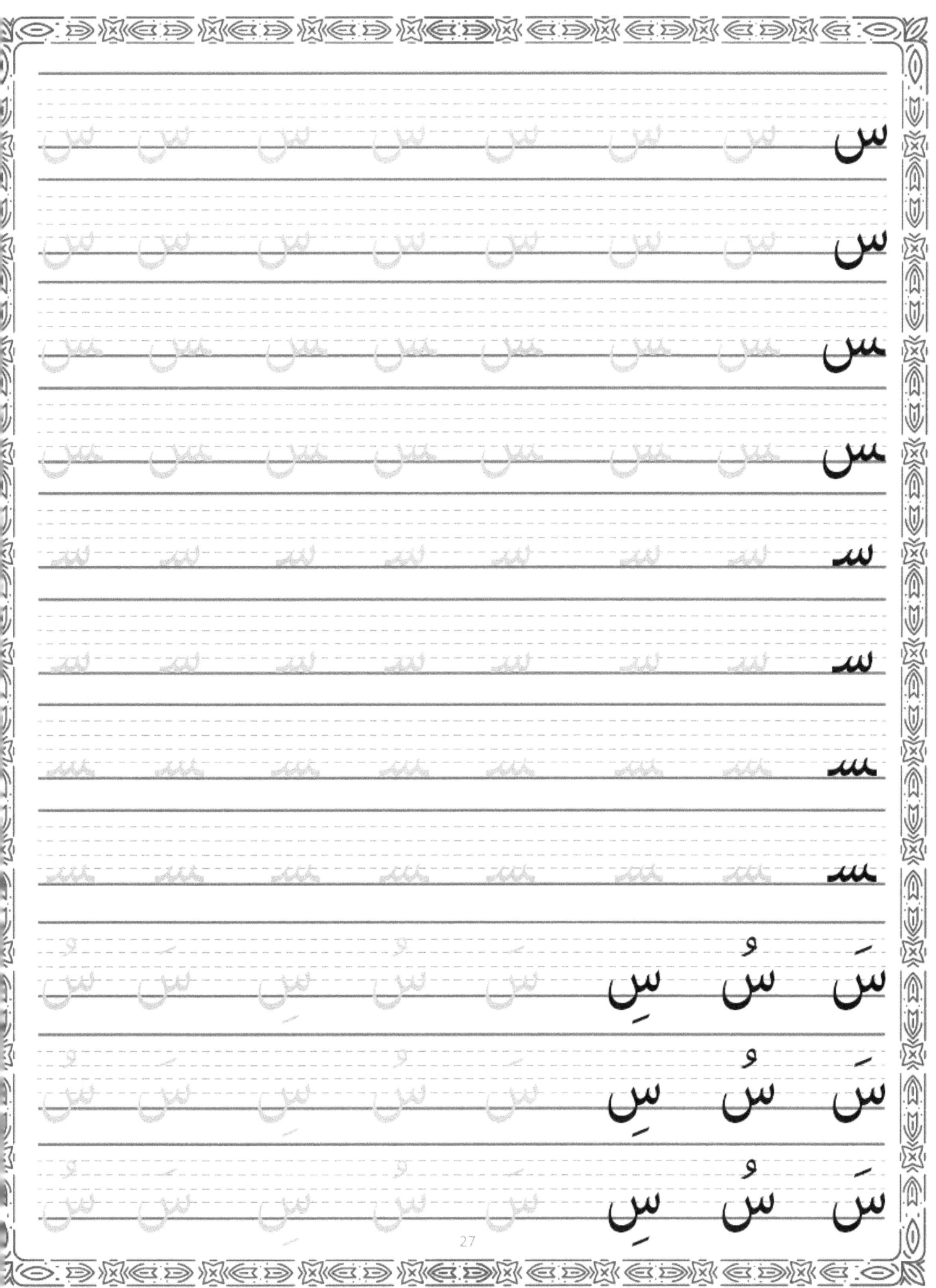

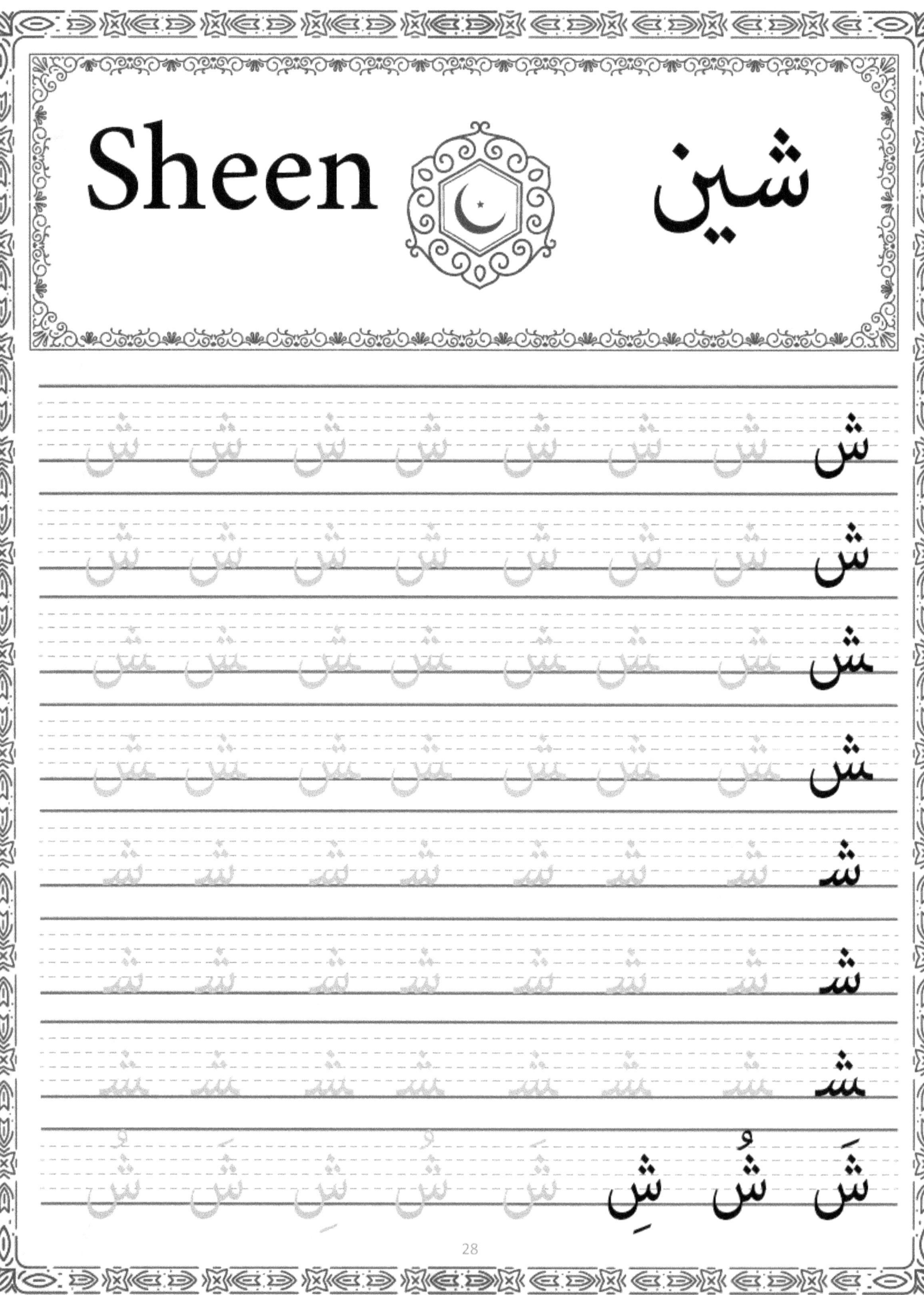

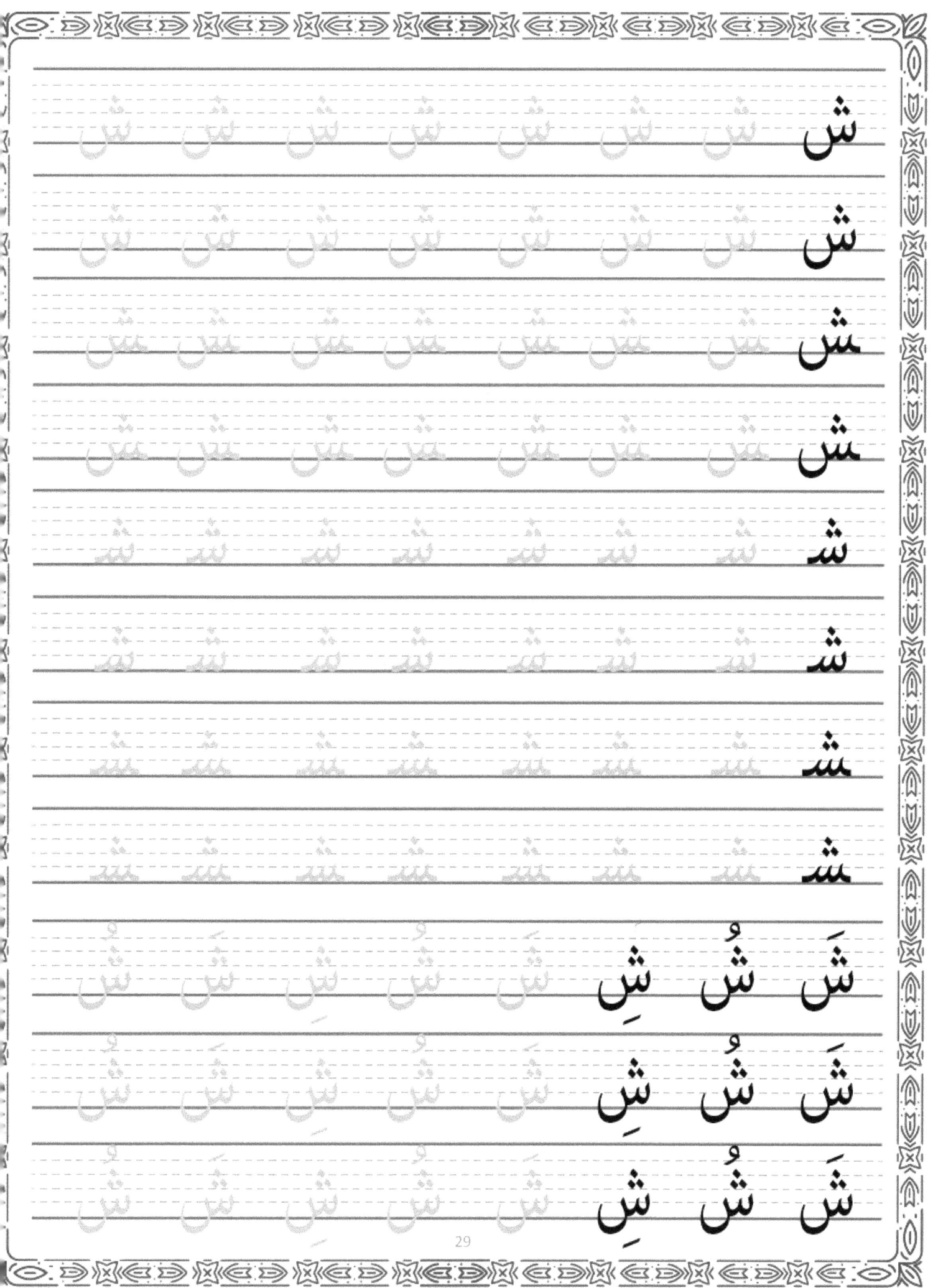

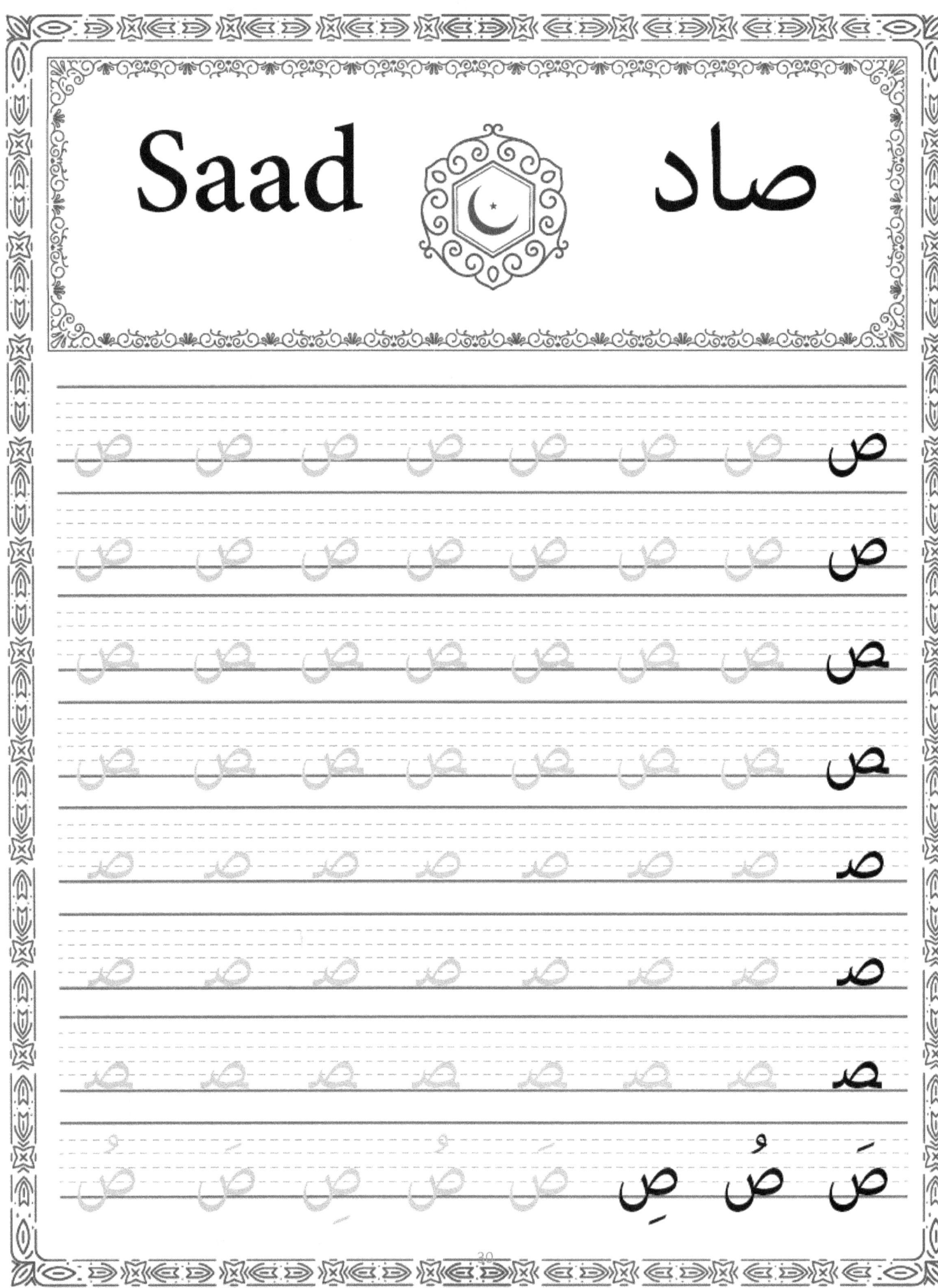

Dhaad ضاد

ض
ض
ض
ض
ض
ض
ض
ضَ ضُ ضِ

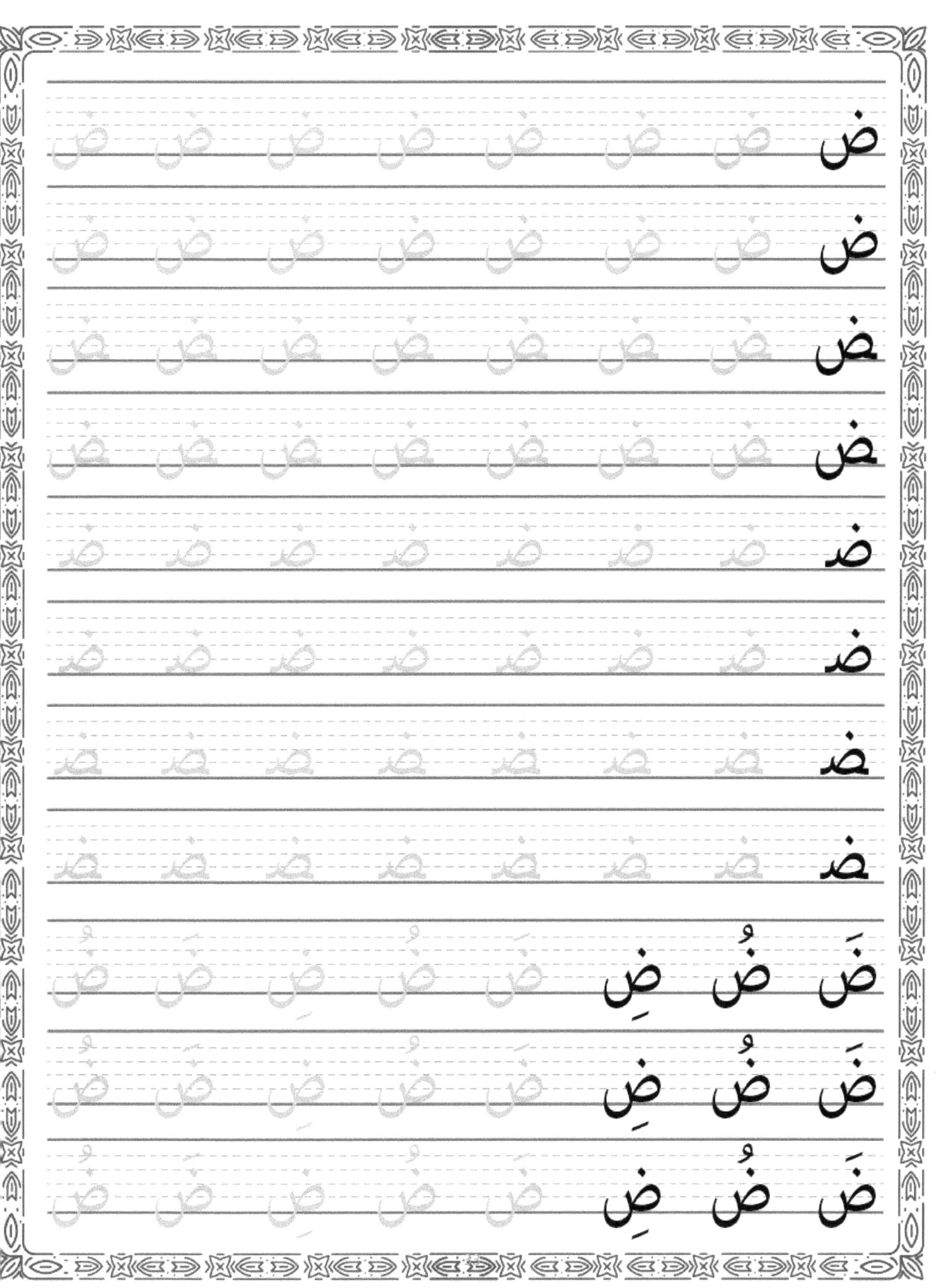

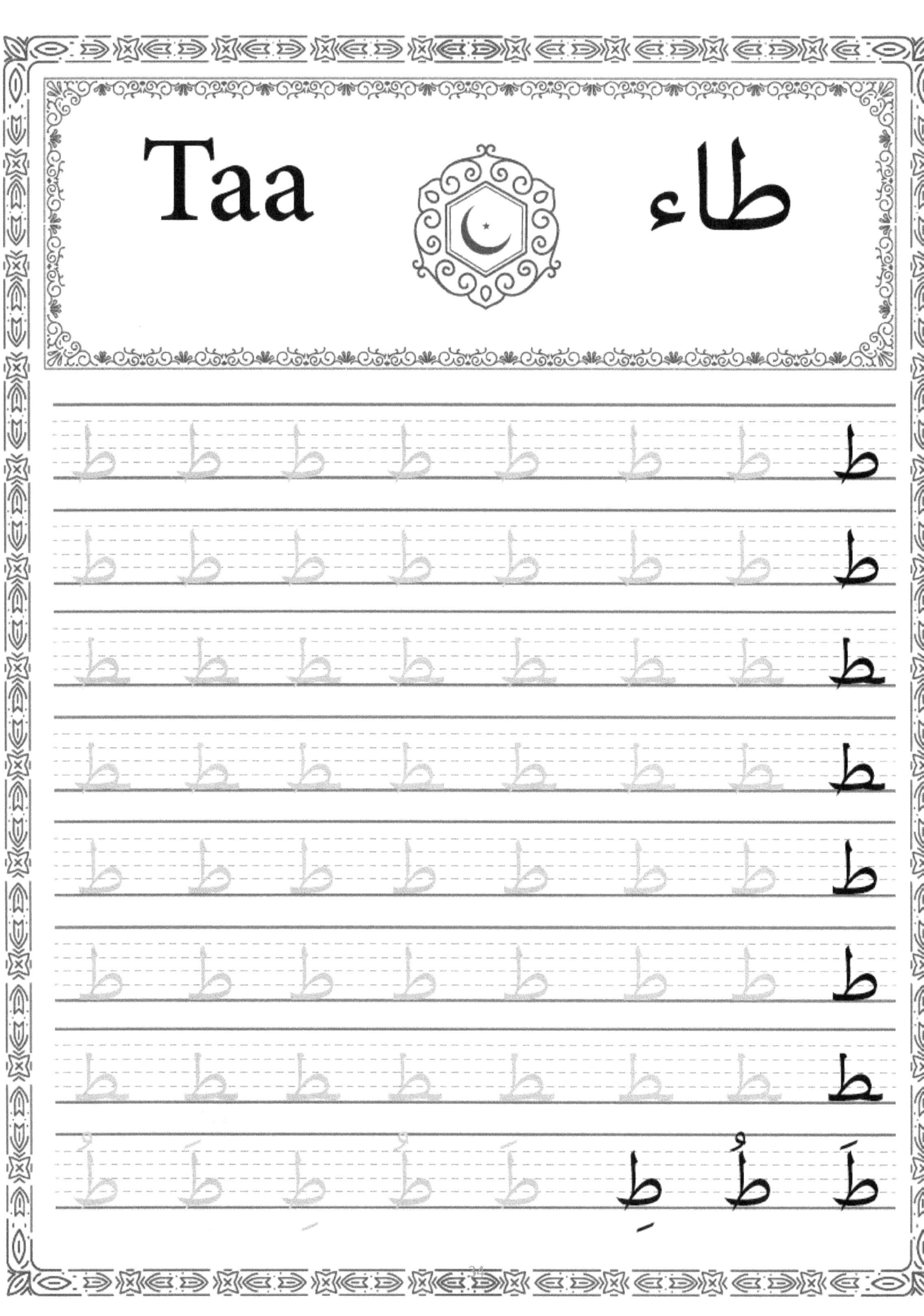

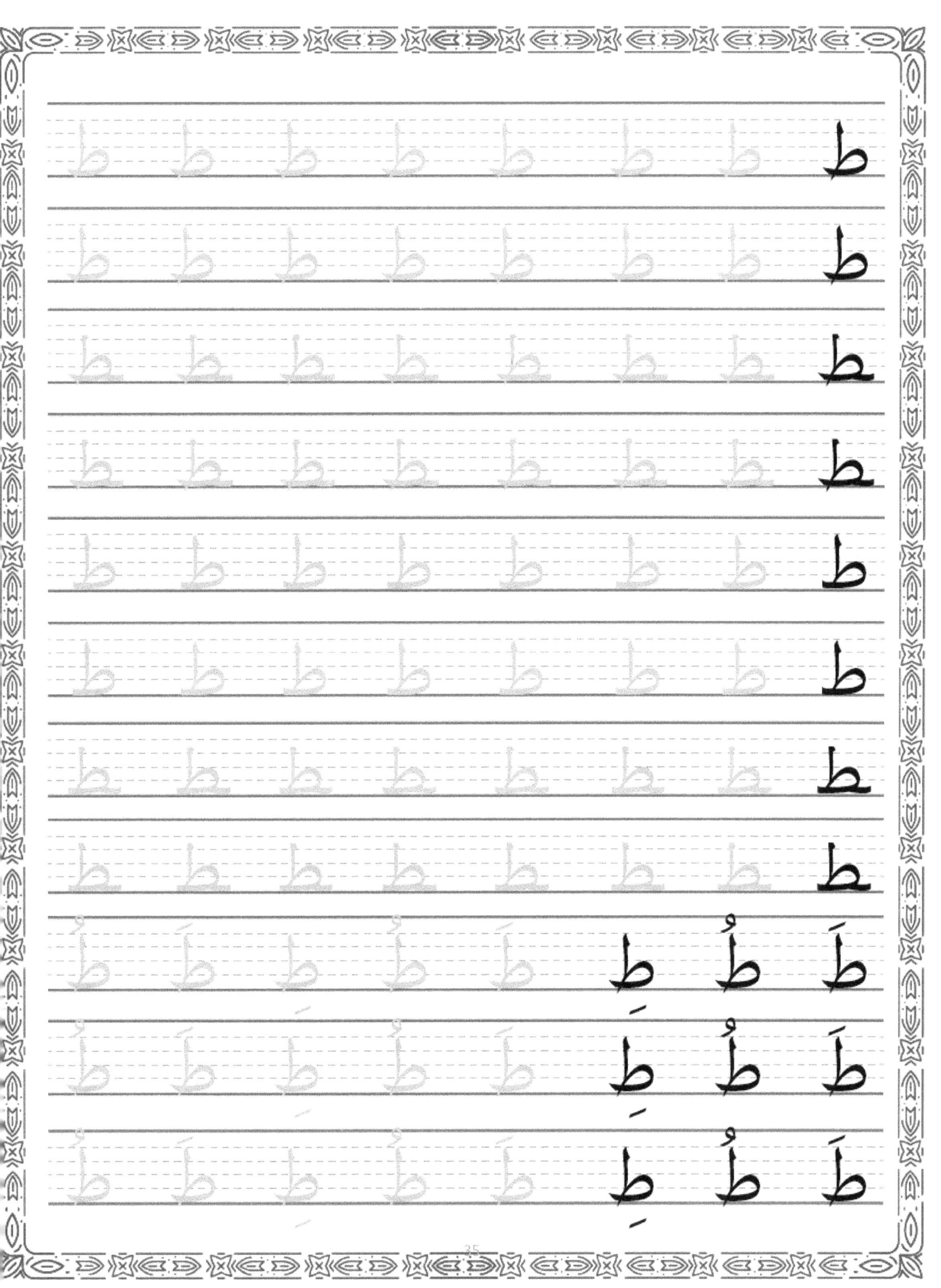

Dhad ظاد

ظ
ظ
ظ
ظ
ظ
ظ
ظ
ظُ ظَ ظِ

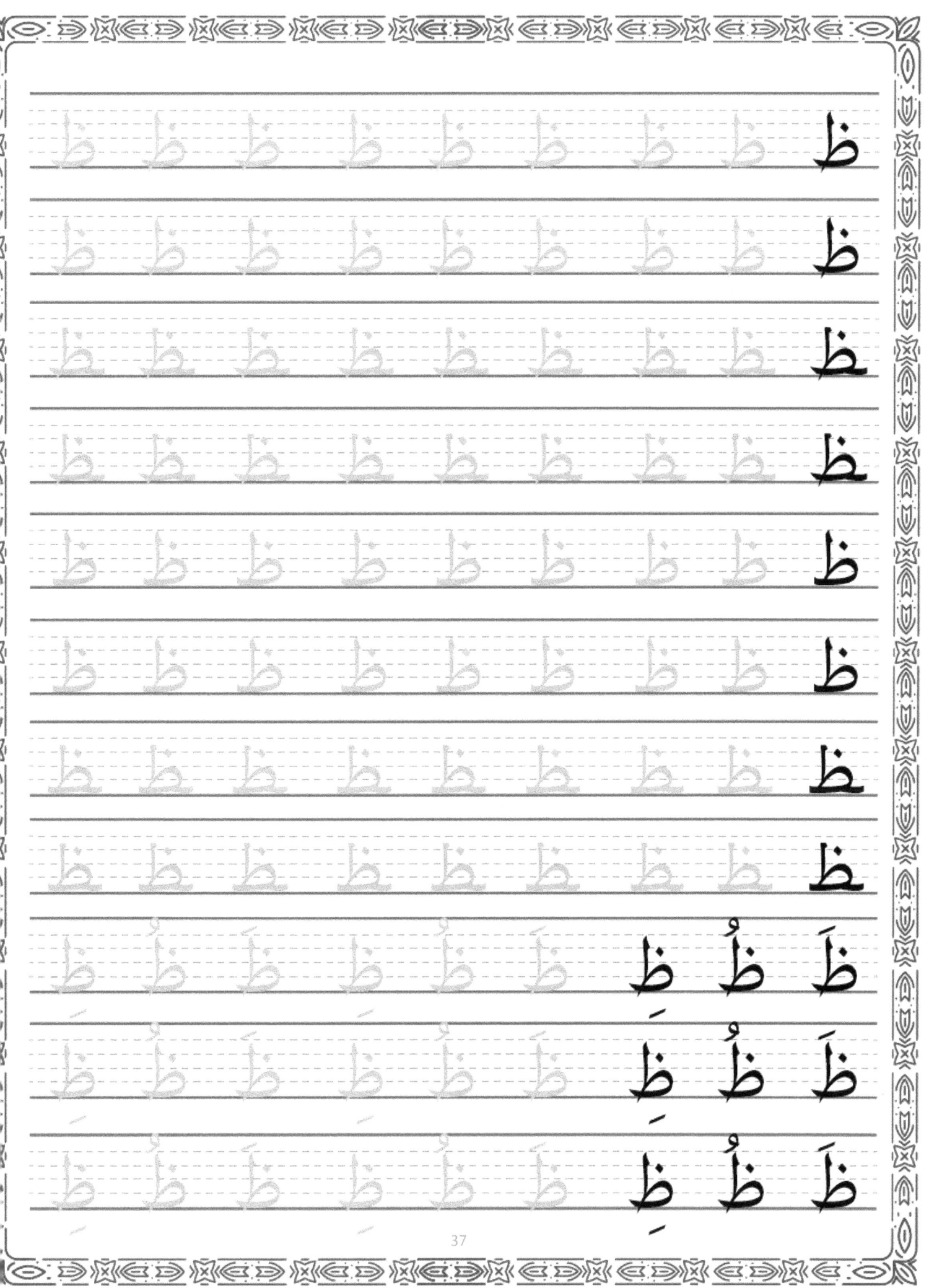

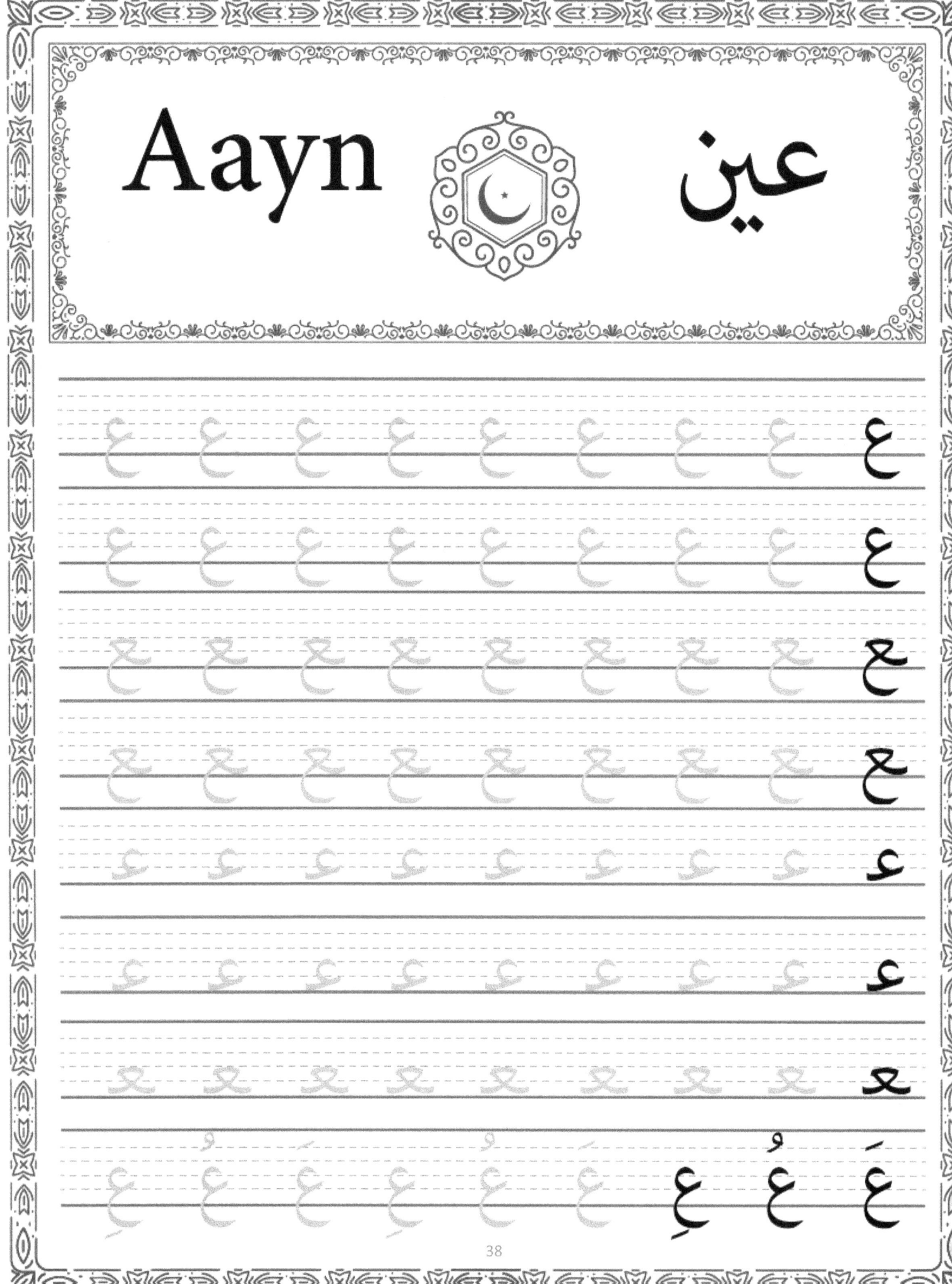

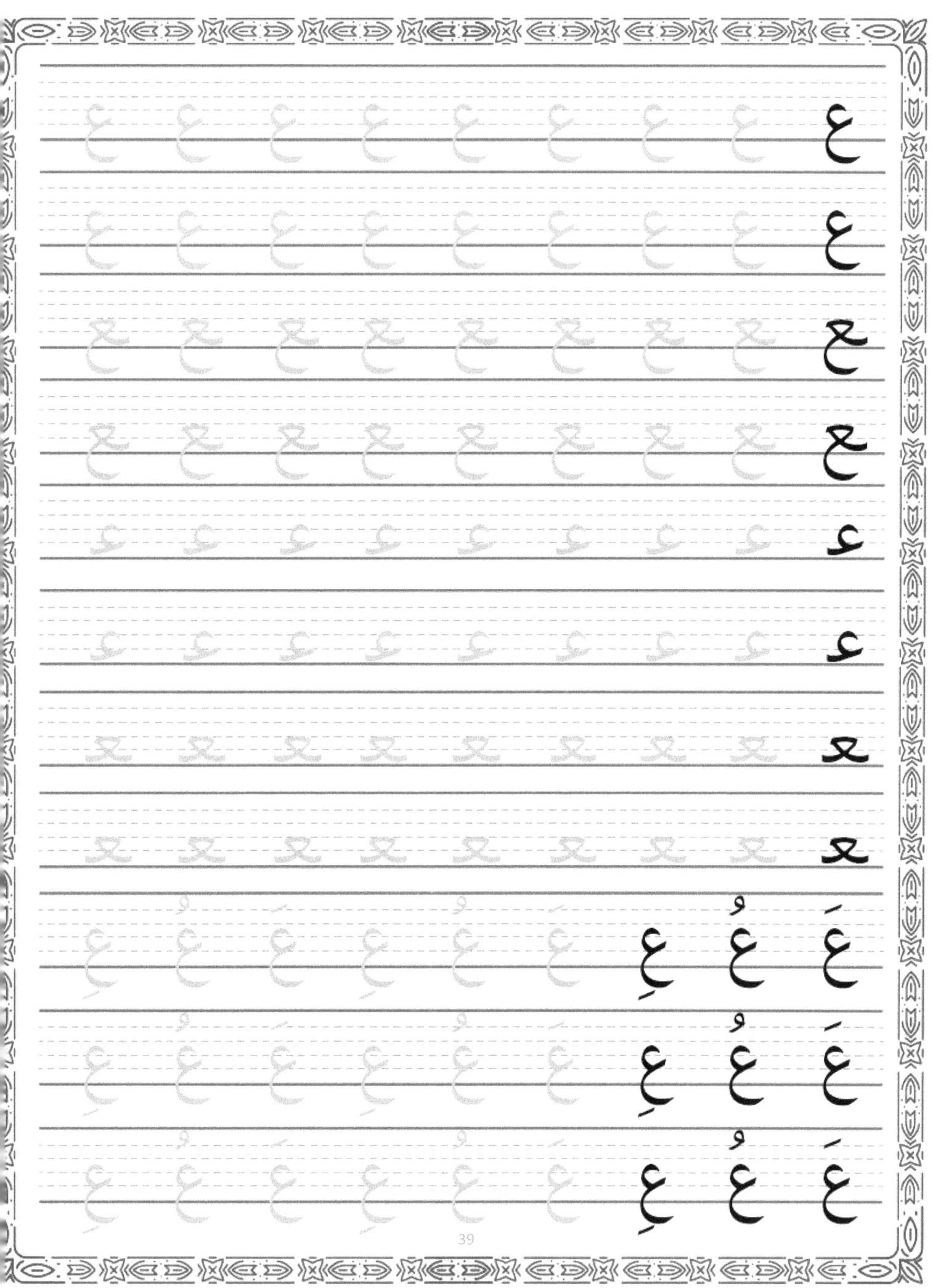

Ghayn غين

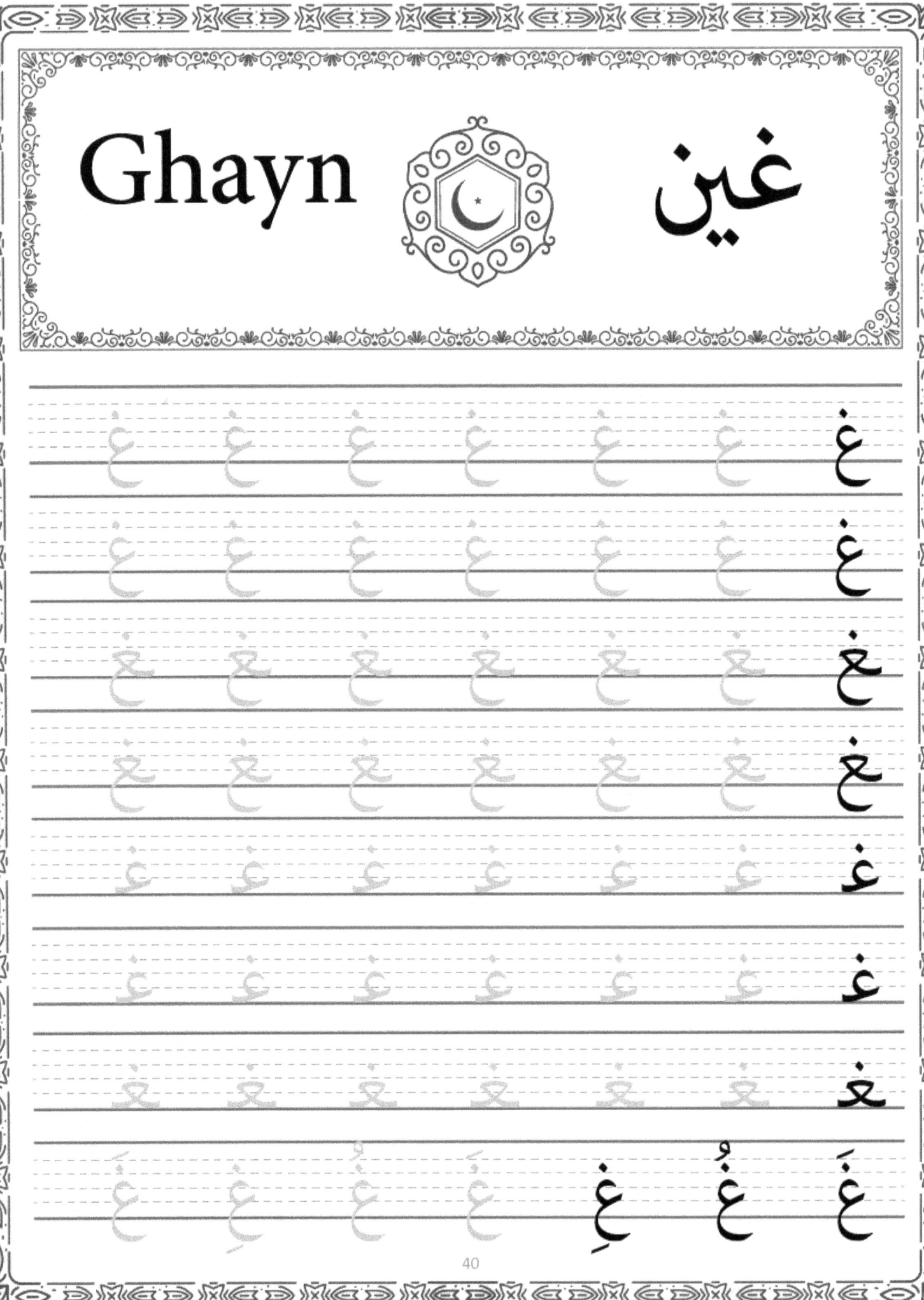

Faa فاء

ف

ف

فْ

فْ

فُ

فُ

فَ

فَ فُ فِ

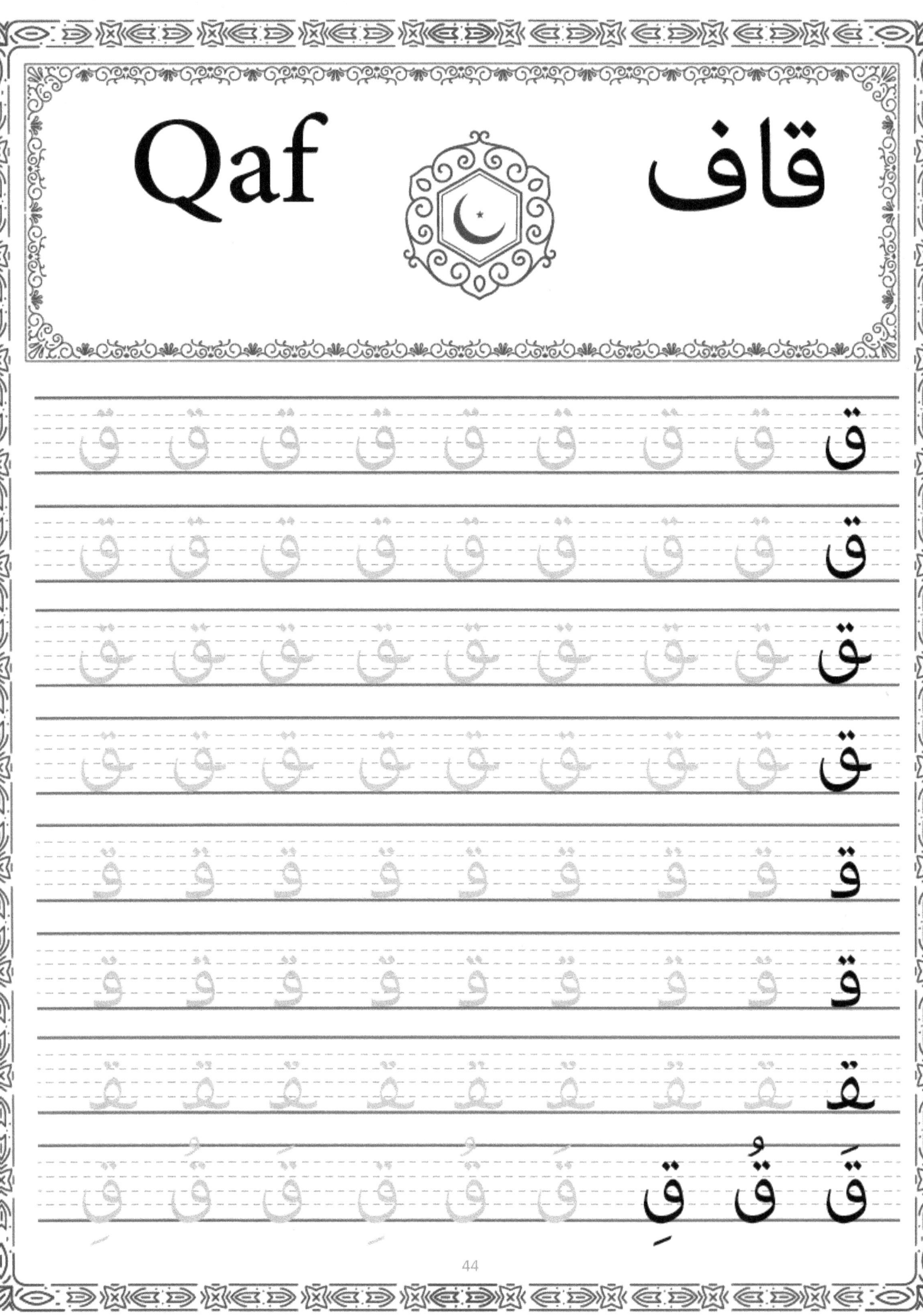

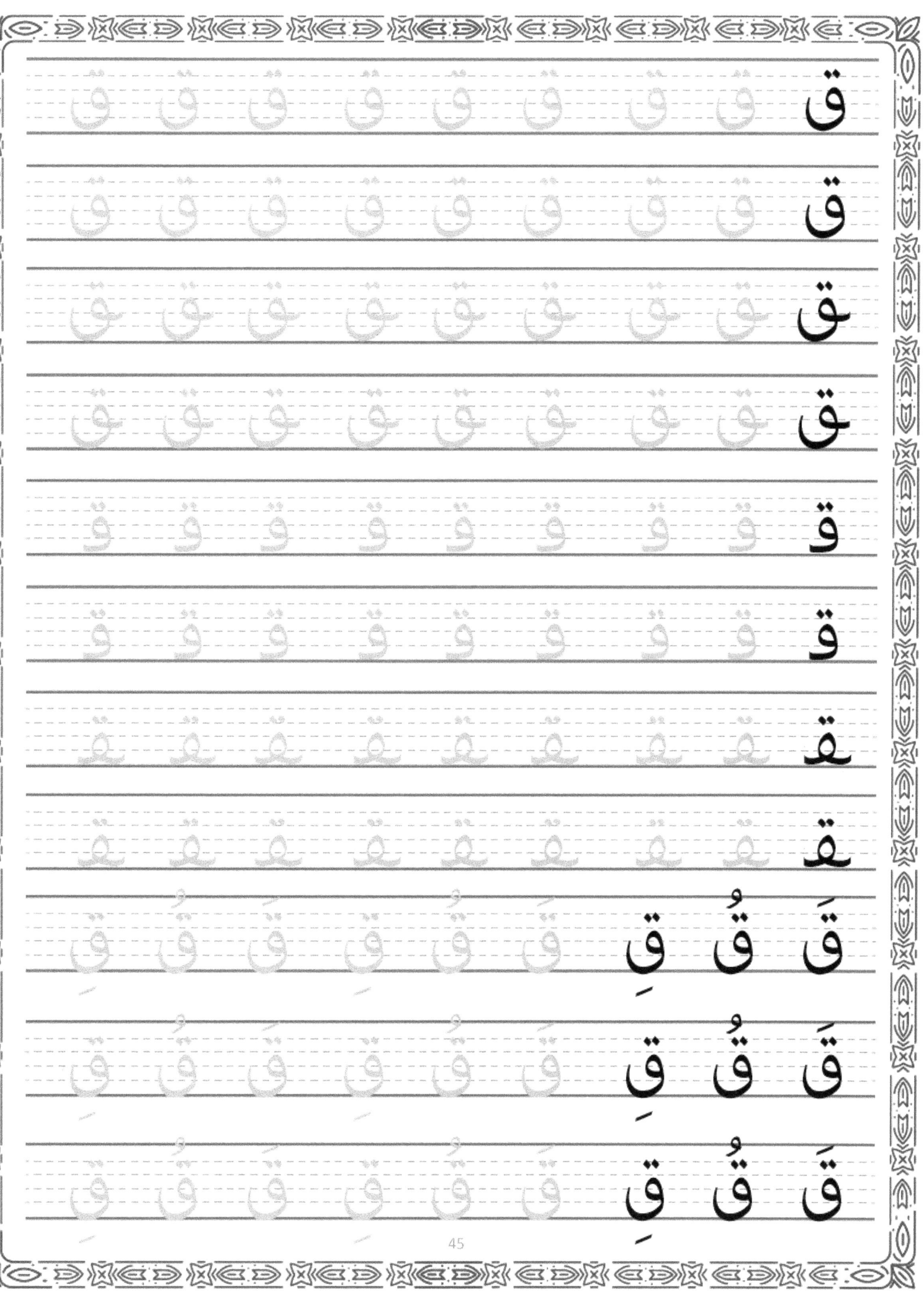

Kaf كاف

ك
ك
لك
لك
ك
ك
ك
كِ كُ كَ

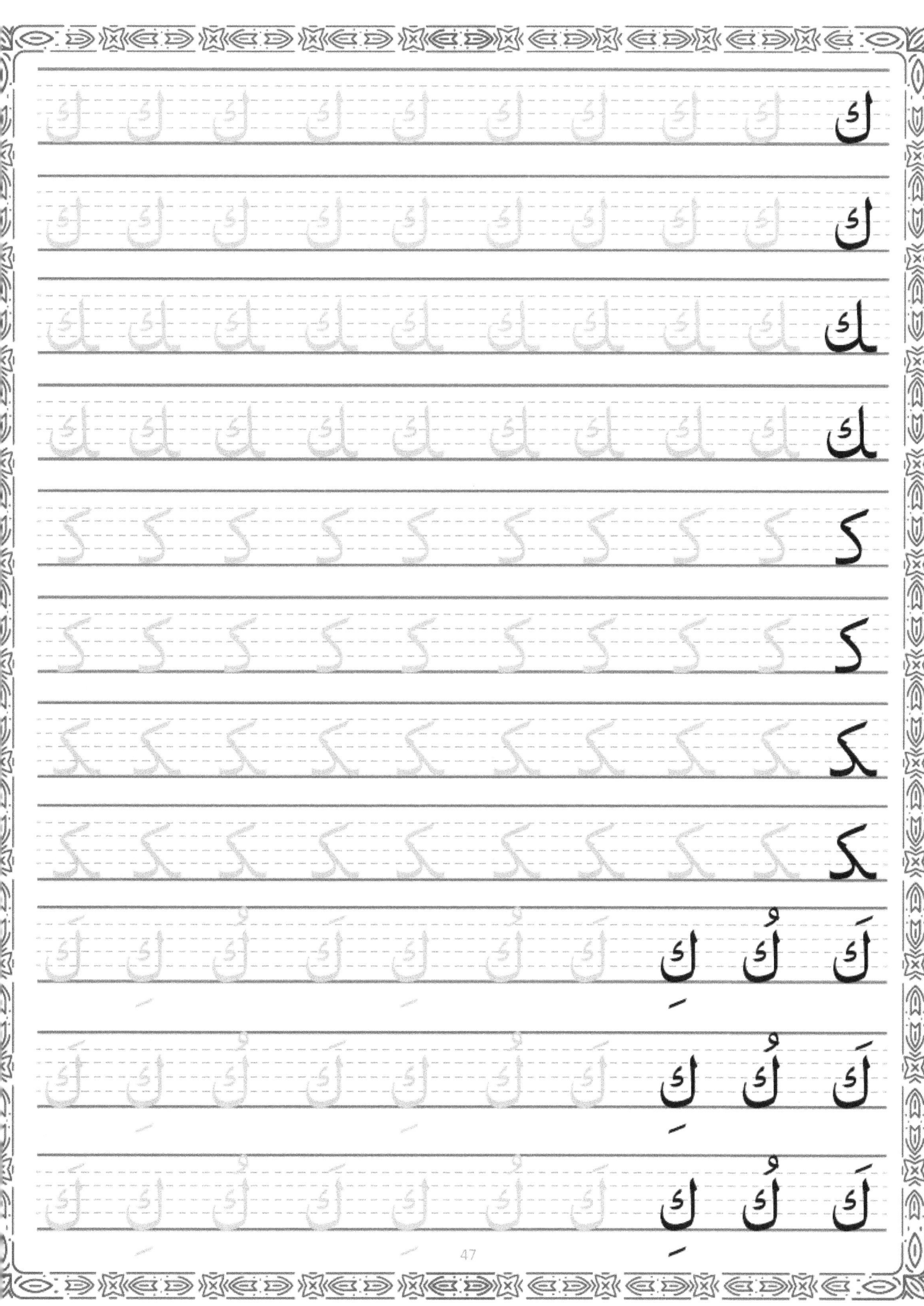

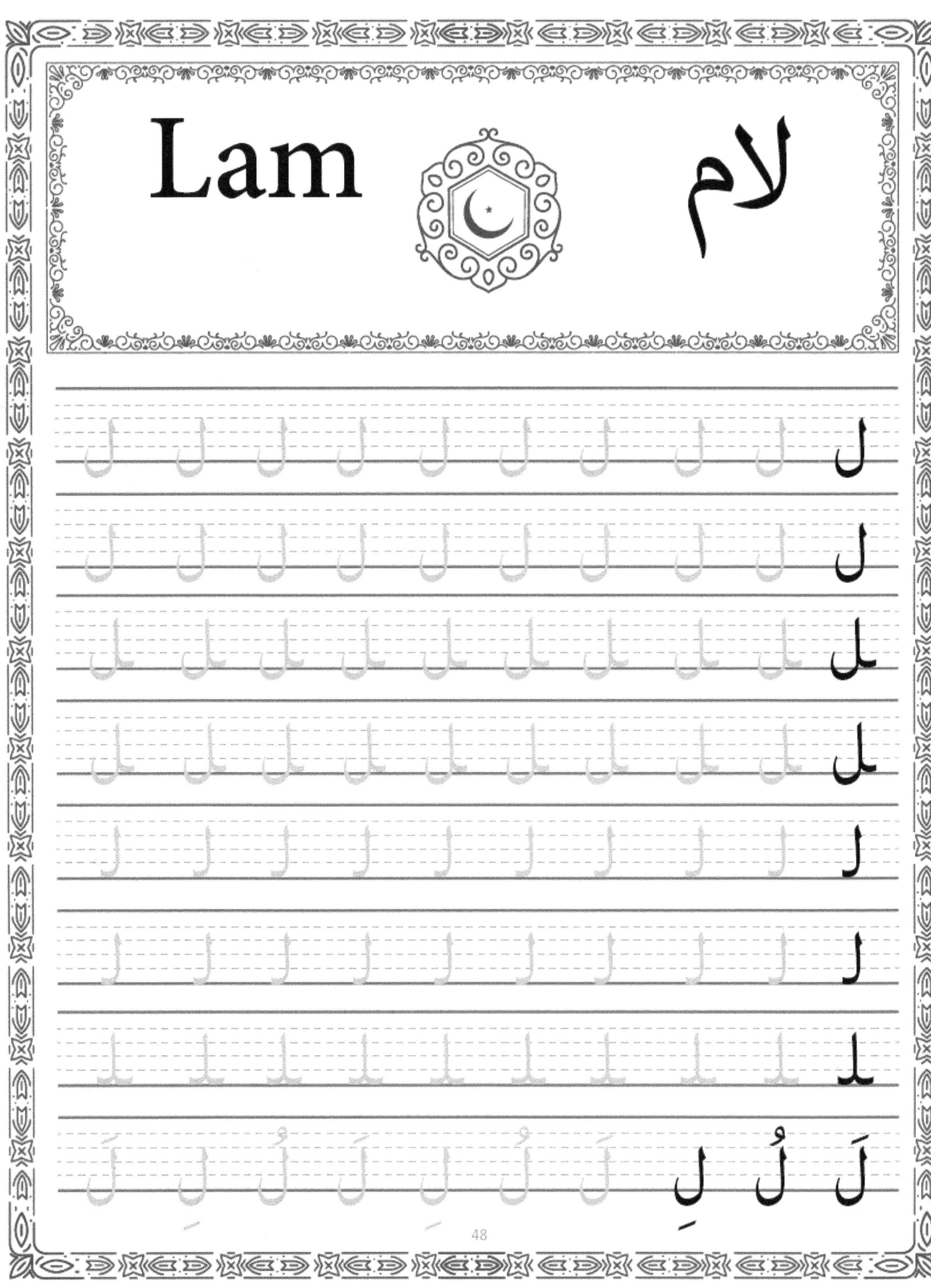

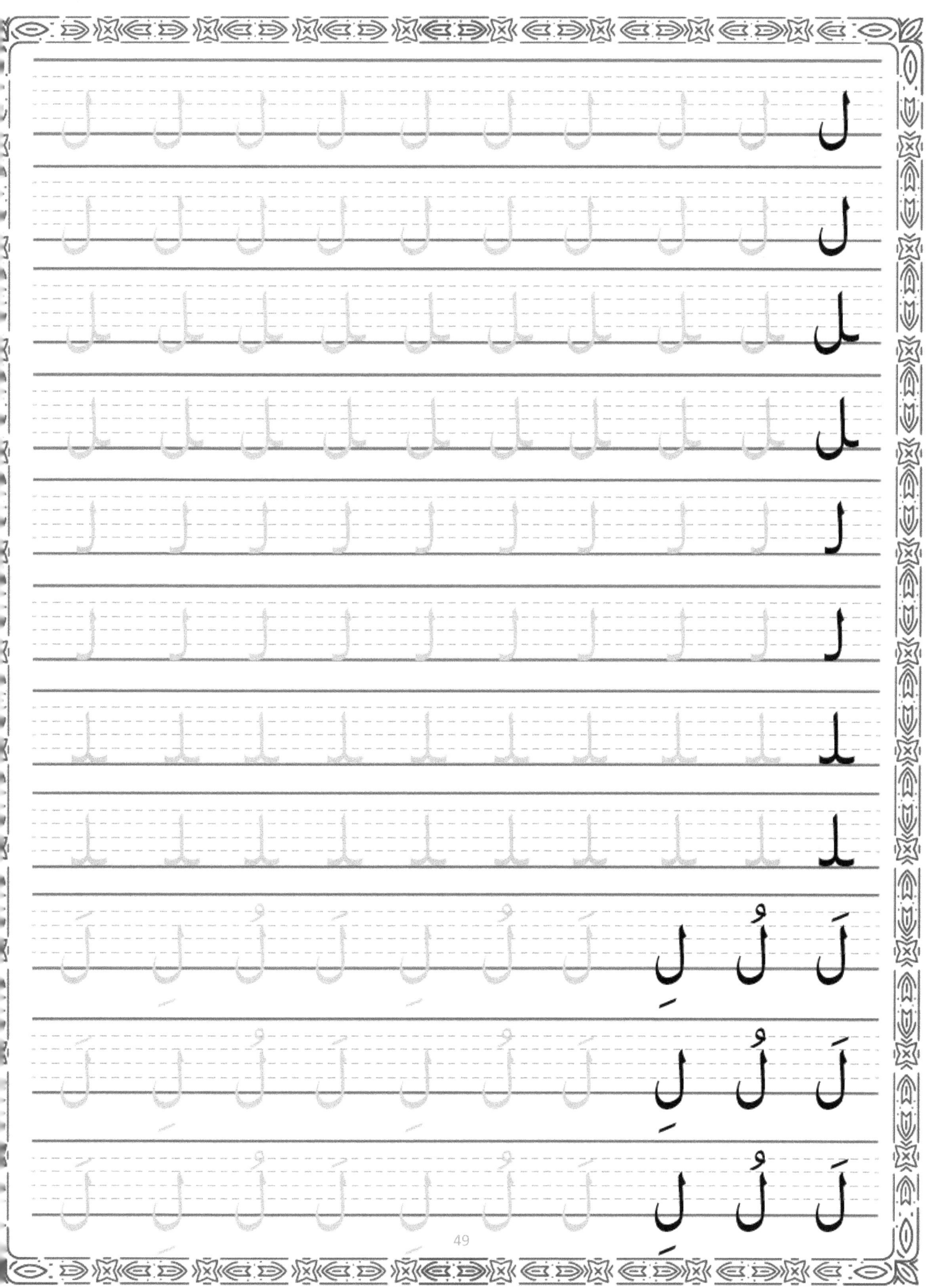

Meem   ميم

مَ مُ مِ

مـ

مـ

ـمـ

ـمـ

ـم

ـم

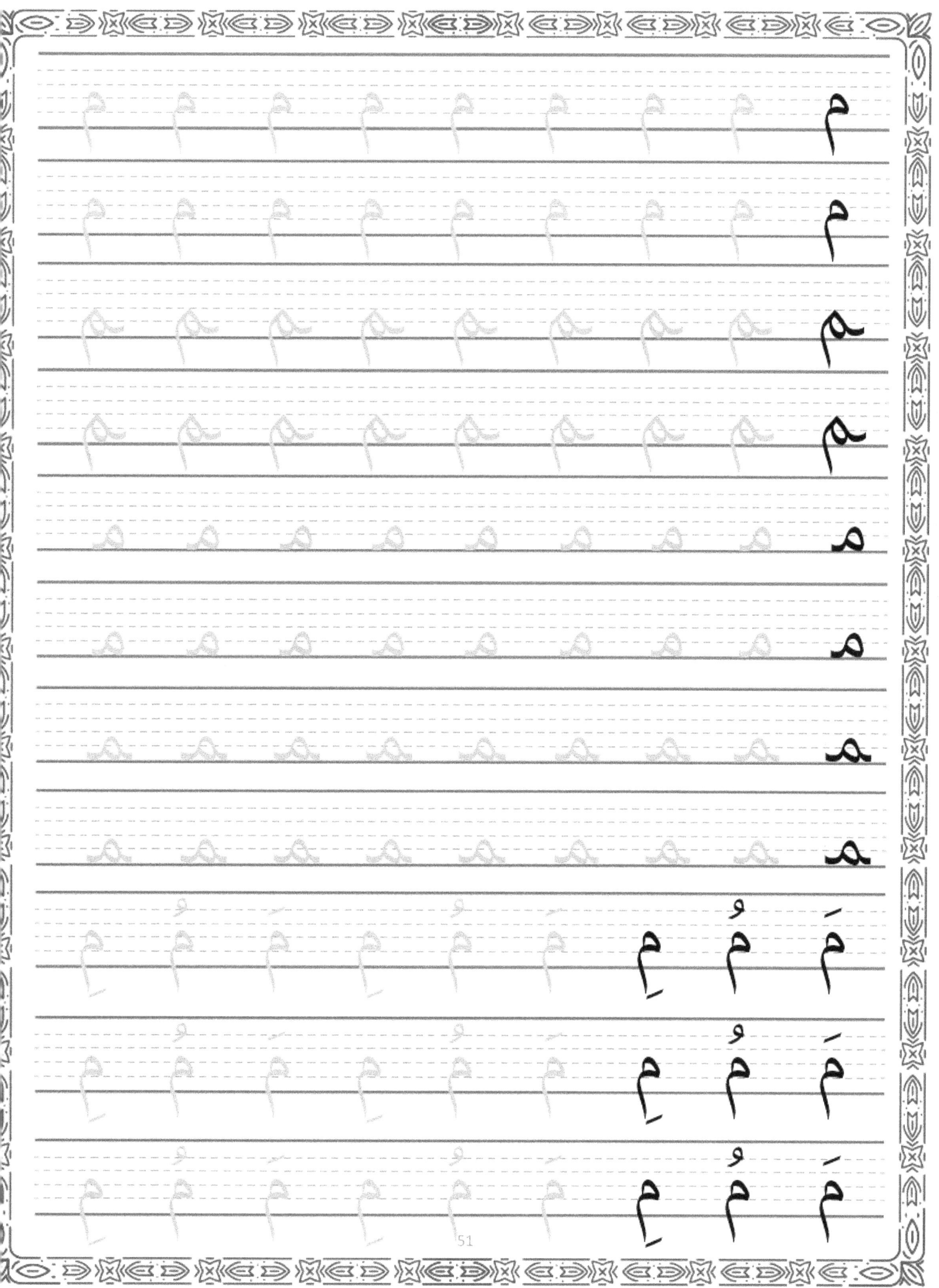

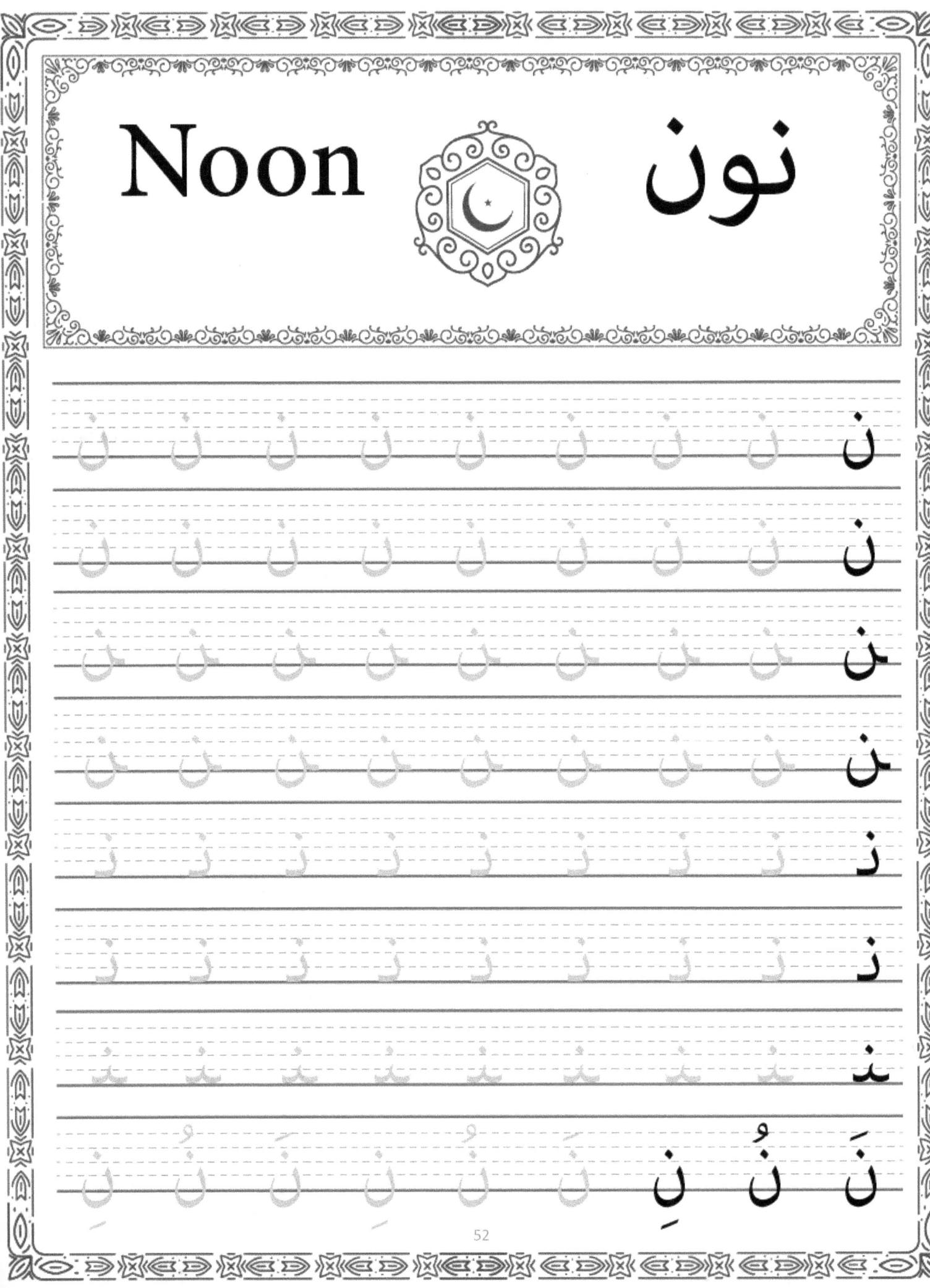

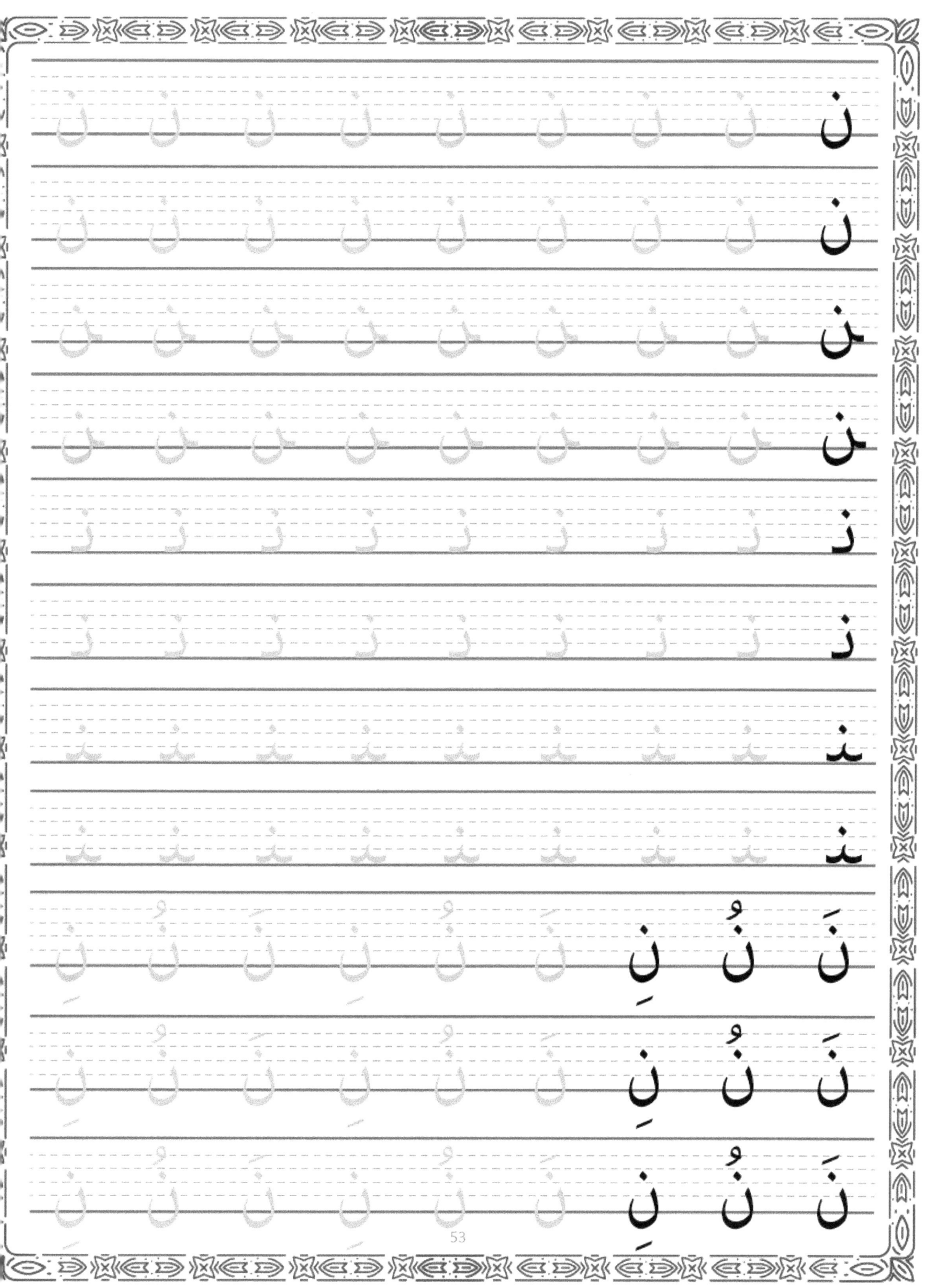

Haa هاء

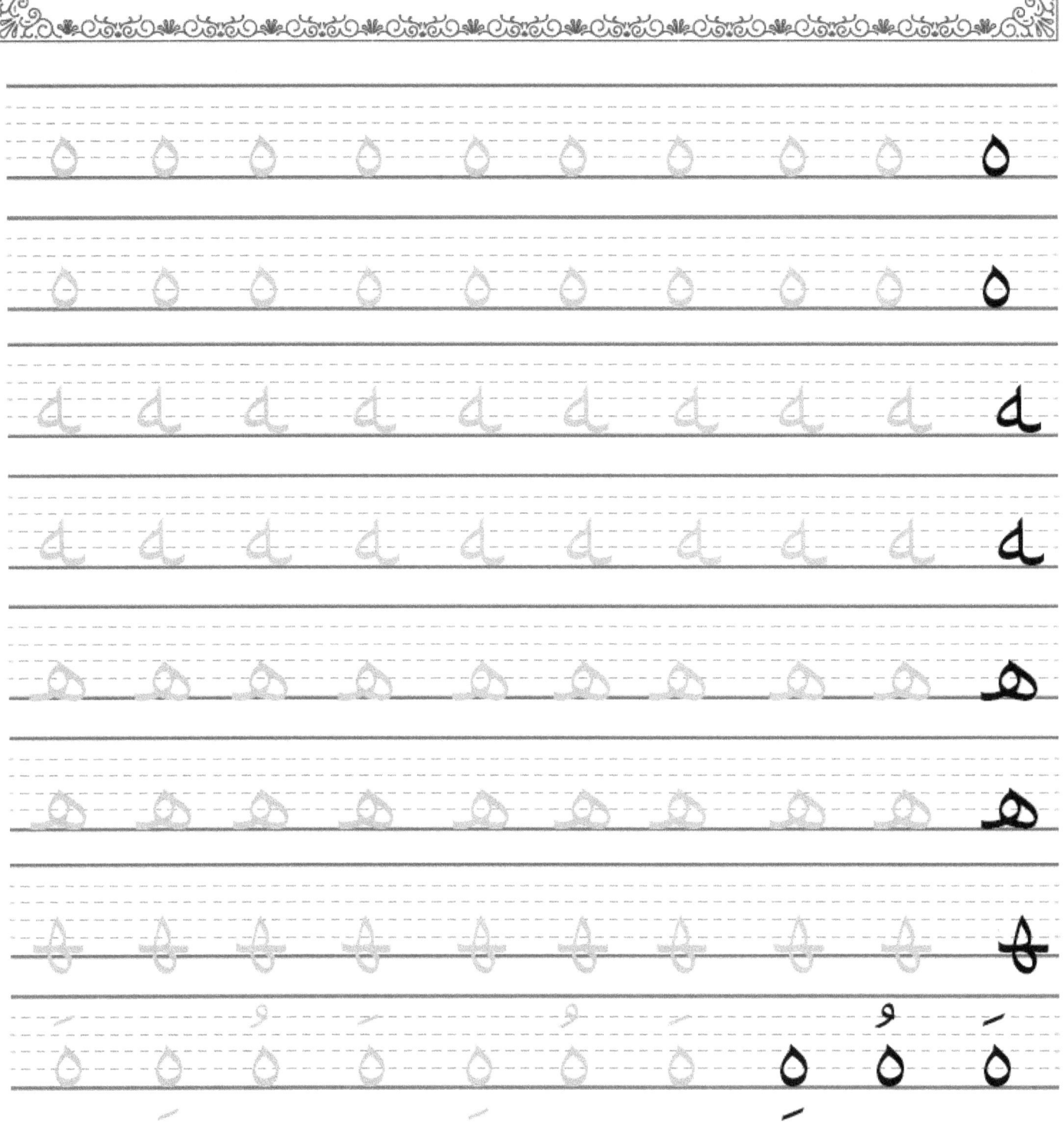

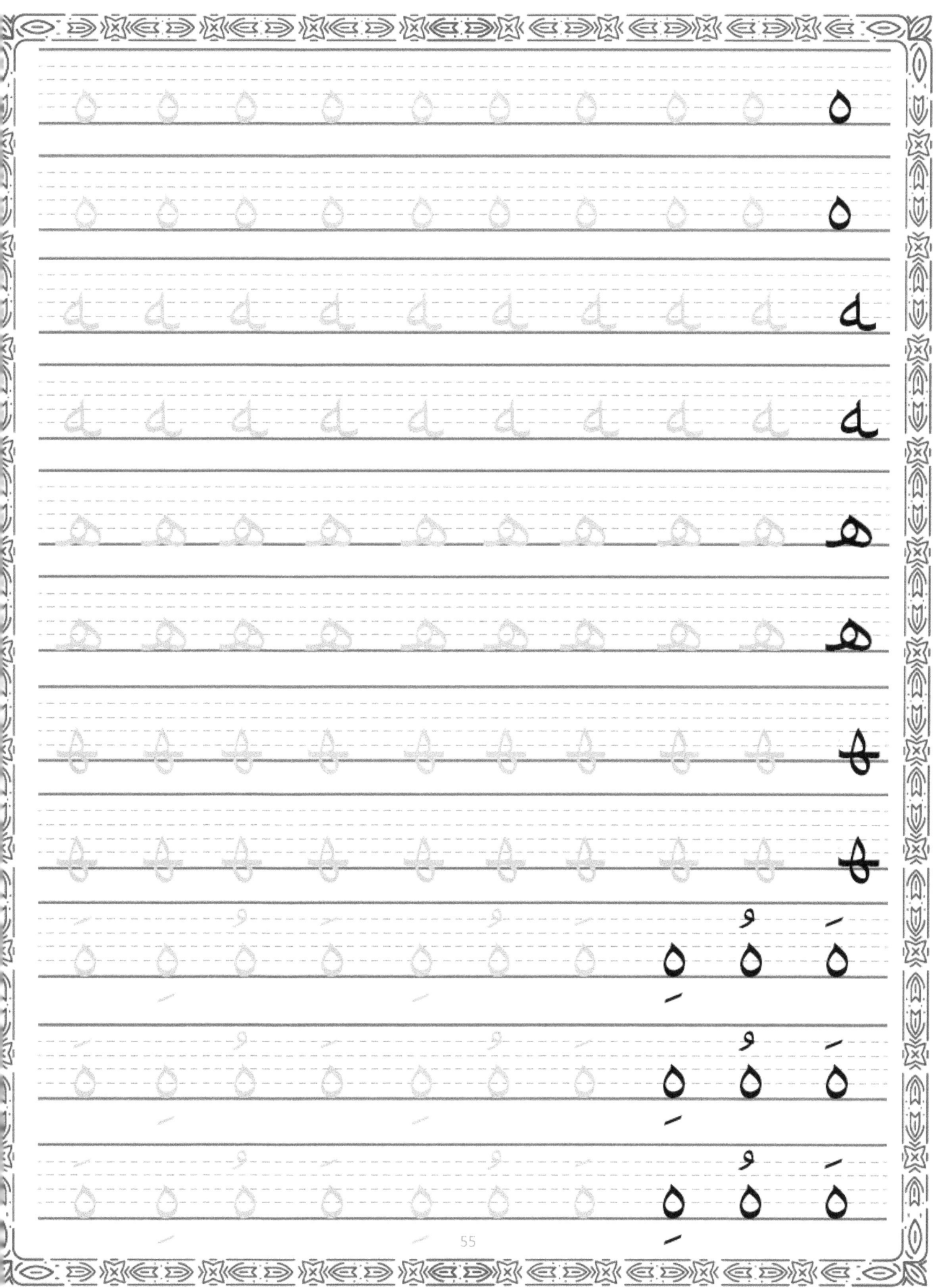

Waw واو

و
و
و
و
و
و
و
وَ وُ وِ

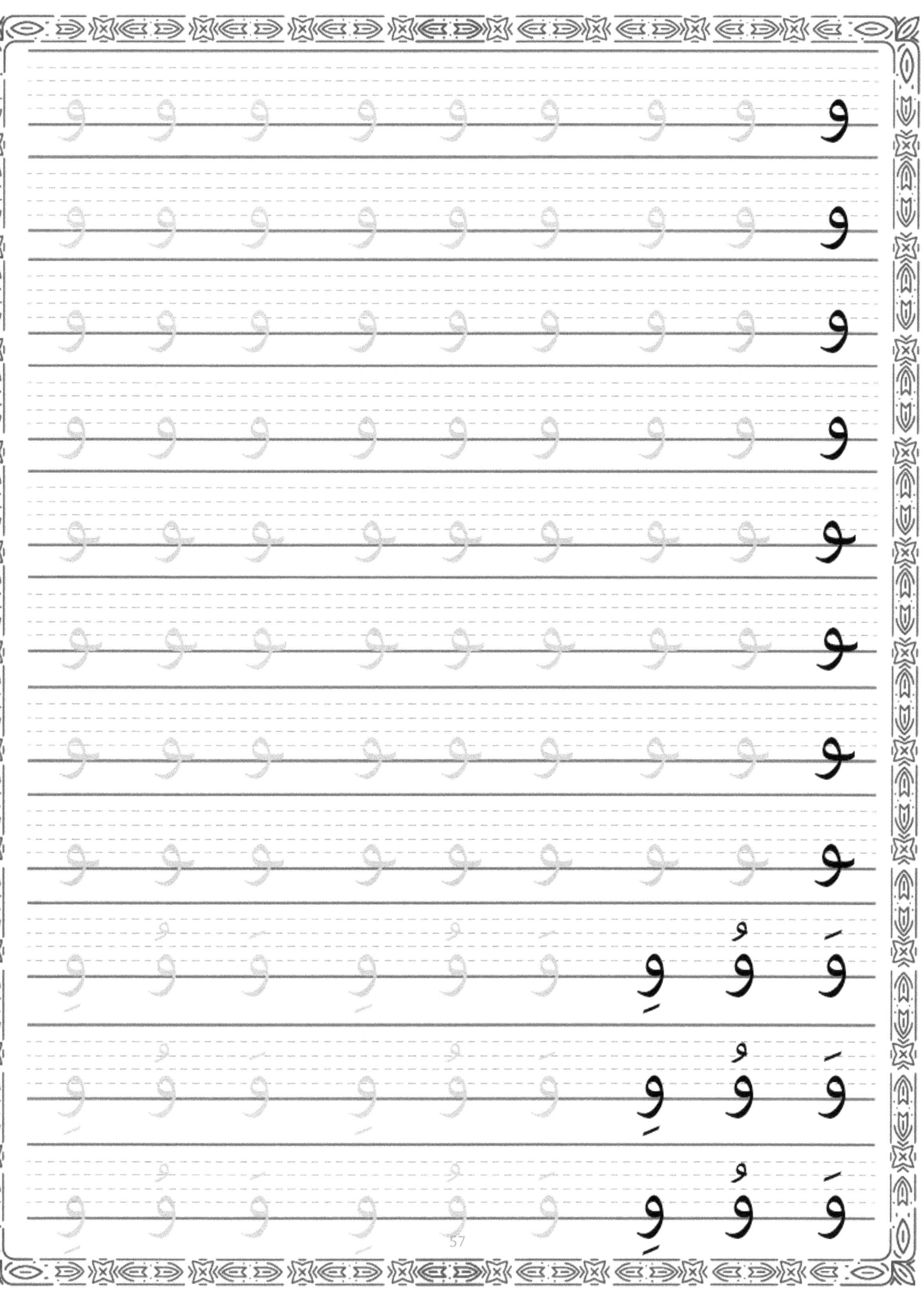

Yaa

ياء

ي
ي
ي
ي
يد
يد
يِ
يٌ يِ

إختبار　Test

أ ا ـا

ب ب ـب ـبـ بـ

ت ت ـت ـتـ تـ

إختبار  Test

ث ـث ـثـ ثث

ج ـج ـجـ ججج

ح ـح ـحـ ححح

إختبار Test

خ ـخ ـخ خخخ

د ـد

ذ ـذ

إختبار / Test

ز ـز

س ـسـ ـس سـس

إختبار Test

ش ش ش ششش

ص ص ص صصص

ض ض ض ضضض

إختبار  Test

ط ط ط ططط

ظ ظ ظ ظظظ

ع ع ععع

إختبار  Test

غ غ غغ غغ

ف ف فف فف

ق ق قق قق

إختبار Test

ك كـ ـكـ ـك ككك

ل لـ ـلـ ـل للل

م مـ ـمـ ـم ممم

إختبار / Test

ن ـنـ ـن ننن

ه ـهـ ههه

و و

إختبار / Test

ي ـي ـيـ يـ

MIXED REVIEW

قُلْ هُوَ ٱللَّهُ أَحَدٌ - وَرَأَيْتَ - فَصَلِّ

أَعُوذُ - شَرِّ - خَلَقَ - وَمِن - ٱلنَّاسِ

ٱلَّذِى يُكَذِّبُ - ٱلَّذِينَ - وَءَامَنَهُم

وَٱلْعَصْرِ - وَعَمِلُوا ٱلصَّٰلِحَٰتِ

وَأَرْسَلَ - جَمَعَ - ٱلْقَارِعَةُ

كَٱلْفَرَاشِ ٱلْمَبْثُوثِ - وَمَا أَدْرَىٰكَ

ABOUT THE AUTHORS

Aicha Sidika Fofana has studied *tajweed* for several years in Dallas, Texas. She is now enrolled in a Quran memorization program. Keep her in your *duas* so Allah ﷻ give her *tawfiq, aameen*.

Haoua Fofana has also studied *tajweed* for several years in Dallas, Texas. She has a one-year certification in Quranic Arabic. She is currently working on becoming an Alimiyyah. Keep her also in *duas* so Allah ﷻ give her *tawfiq, aameen*.

www.ingramcontent.com/pod-product-compliance
Lightning Source LLC
Chambersburg PA
CBHW080226170426
43192CB00015B/2768